history of banknotes

지폐의 세계로 여행을 떠나기 전
해당 국가의 위치 찾아보기

스페인
부룬디
르완다
네덜란드
인도네시아
트리니다드 토바고
파푸아뉴기니
몽골
일본
도미니카공화국
이탈리아
미국
프랑스
코스타리카
페로제도
예멘
미얀마
독일
지브롤터
북한
이라크

리비아
방글라데시
과테말라
기니비사우
마다가스카르
에리트레아
스웨덴
인도
라오스
캄보디아
홍콩
루마니아
태국
알제리
영국
포르투갈
마카오
앙골라
모잠비크
카보베르데
상투메 프린시페

WORLD
HISTORY
OF
BANK-
NOTES

지폐의
세계사

THE ART OF MONEY(鈔寫浪漫)

WORLD HISTORY OF BANK-NOTES

지폐의 세계사

세계 각국 지폐의 탄생 비화와
42개국 지폐도감

세저칭 지음 · 김경숙 옮김

마음서재

서문

지폐에서 꿈을 만나다

눈이 내리기 시작했다. 가볍고 부드럽게 내리는 눈은 매서운 추위에 약간의 온기를 더하며 도시를 조용히 가슴에 품었다. 창백하고 서늘한 풍경이 유서 깊은 도시의 지평선을 은색으로 장식하고, 눈앞에 펼쳐지는 모든 것은 초현실적인 몽환의 세계로 변했다. 가슴이 시릴 정도로 아름다웠다.

눈이 갠 날 아침, 고성과 시가지를 잇는 다리 위에서 사람의 흔적을 찾을 수 없었다. 나는 오랫동안 블타바 강변에 서서 강 건너편에 우뚝 솟은 성탑을 바라보며 감격을 억누르지 못했다. 아득히 펼쳐진 하늘 밑, 흙먼지가 날리는 땅을 돌아다니며 몇 년 동안 유랑하던 끝에 나는 결국 꿈에도 그리던 프라하에 도착했다.

때는 베를린 장벽이 무너진 지 얼마 되지 않은 90년대. 모든 것은 구시대의 잔재 속에서 여명을 기다리고 있었다. 나는 빈에서 야간열차를 타고 꿈을 찾는 고독한 여정에 홀로 발을 디뎠다. 천천히 흔들리는 기차 안에서 잠들었다 깨기를 반복하며 간간이 꿈을 꾸었다. 꿈속에서 떠난 지 오래인 집으로 돌아가 부모님, 형제들과 함께 웃으며 이야기를 나누었고, 오래전 헤어진 연인과의 애증어린 관계에 눈물을 흘렸으며, 어린 시절 뛰어놀던 해변에서 밀려왔다 물러가는 물보라를 바라보며 인생 최초의 갈망을 좇았다.

그러다 기차의 정차 소리에 깨어났다. 꿈속에서 본 광경 때문에 여전히 가슴이 떨렸고 여운은 길었다. 나는 정신을 차리고 그것을 체코의 밤에 떨쳐버렸다. 그러자 가슴 가득 씁쓸함이 남았다.

국경의 신분증 검사는 여전히 냉전 시대의 스산한 분위기를 자아냈다. 추레한 군사전망대는 알 수 없는 적의를 띠고 있었고, 무슨 제복인지 알 수 없는 회색 옷을 입은 이민국관리원이 무표정한 얼굴로 기차에 탑승한 모든 승객의 신분증을 검사했다. 나는 창밖으로 드문드문 반짝이는 등불을 바라보았다. 전방은 바로 밀란 쿤데라(Milan Kundera)와 알폰스 무하(Alphonse Mucha)의 고향이었다. 모라비아와 보헤미아[1]를 처음 방문한 것이었지만 이 땅에서는 왠지 모를 익숙함이 느껴졌다. 시와 소설, 연극과 음악 속에서 이미 무수히 방문했었기 때문이다. 이곳과의 인연은 어릴 적 받은 기묘한 선물에서 시작되었다.

---

1. 각각 체코의 동부 지역과 서부 지역.

초등학교에 입학하기 전, 나는 어머니와 태어난 지 한 돌도 안 된 동생과 함께 한동안 우항(雨港)[2]에 살았다. 철판 지붕이 덮인 집의 작은 창문으로 항구에서 짐을 싣고 내리는 배들이 어슴푸레 보였다. 안개 낀 밤에 들었던 배의 경적 소리는 가끔씩 정신이 몽롱할 때면 아직도 들려오곤 한다.

정확히 언제인지는 잊어버렸지만, 그 시절 어머니가 나에게 선물용 과자가 든 양철 상자를 주었다. 과자를 단숨에 먹어치운 나는 양철 상자를 가지고 나만의 비밀 컬렉션을 시작했다. 다 쓴 성냥갑, 짝이 맞지 않는 트럼프 카드, 길가에 뒹구는 특이한 빛깔의 돌멩이, 오색찬란한 유리구슬, 한쪽 다리가 없는 로봇, 터져버린 풍선, 책에서 찢겨져 나온 낱장, 여벌용 단추 등을 모았다. 상자 속에 수집하고 있던 것은 나에게 단순한 물건이 아니라 소소한 꿈이었다. "호두껍데기 안에 갇혀있기는 했지만 나는 나만의 무한한 공간을 소유한 군왕이었다."[3]

수집품은 대체로 보잘것없었다. 하지만 몇몇은 나에게 큰 영향을 끼쳤다. 그중 하나가 외국의 오래된 지폐였다. 그 지폐가 어떻게 내 손에 들어왔는지 모르겠지만 나는 30여 년 동안 그 지폐와 함께했다. 지폐의 앞면에는 스모그가 가득한 공장 단지가 인쇄돼 있었다. 1960년대에는 이처럼 오염도가 높은 생산방식이 공산주의 국가가 크게 의지하는 경제 성장의 원동력이었다.

---

2. 대만 북쪽 끝에 위치한 항구도시 지룽의 별칭.
3. 스티븐 호킹의 저서 《호두껍질 속의 우주》 일부분.

오른쪽에는 슬라브 전통 복장의 남녀 농부가 크게 자리하고 있었다. 그들의 얼굴에서 나는 삶에 대한 만족감과 경제에 대한 믿음을 엿볼 수 있었다. 하지만 표정과 대조적으로 그들의 눈빛에는 말로 형용할 수 없는 우울과 고독이 담겨 있었다.

내게 정말 인상적이었던 건 바로 지폐 뒷면의 우아한 도안이었다. 고딕 스타일의 주교좌성당이 궁전 뒤에 우뚝 솟아 있고, 중간의 수림 앞에는 오래된 석조 다리가 힘차게 흐르는 강을 가로 걸치며 비범한 기세를 드러내는 구도였다. 화면 전체에서 느껴지는 위엄과 등등한 기세가 내 마음을 사로잡았다.

몇 년이 흐르고 나서야 비로소 그 지폐가 1961년 동유럽 국가 체코슬로바키아에서 발행한 100코루나라는 사실을 알게 되었다. 그때부터 나는 종종 지폐 속의 다리와 강물을 바라보면서 멀리 떨어진 낯선 타향을 상상하곤 했다. 그곳에서는 또 다른 인생이 기다리고 있는 것 같았다.

몇 년이 더 지나 나는 스메타나와 카프카, 밀란 쿤데라를 알게 되었고, 그러자 그 도시는 살아 숨 쉬기 시작했다. 그곳에는 삶의 온도와 시간의 흐름이 존재했다. 나는 스메타나의 교향시 〈나의 조국〉의 아름다운 운율에 심취했고, 카프카가 창조한 'K'와 함께 어둡고 좁은 고성의 골목 안을 자유롭게 노닐었다. 나에게 프라하는 풀리기를 기다리는 수수께끼였고, 비현실적이고 놀라움이 가득한 도시이자 어둠이 충만하고 매력적인 이야기를 지닌 곳이었다.

세월이 흘러 나는 사회인이 되었고 치열한 현실세계에 발을 디뎠다. 한동안 고독 속에서 홀로 걸으며 쓸쓸함과 세상의 변천을 겪었

NKOVKA STÁTNÍ BA
ČESKOSLOVENSK
TO KOR
NKY
ÝCH
1961
100

다. 세월의 시련 속에서 성숙해지긴 했지만 순수한 낭만과 이상을 수없이 잃어버렸다.

이 과정에서 나 자신조차 이해할 수 없었던 것은 이 오래된 지폐가 나의 험난한 인생 여정을 항상 함께했다는 사실이다. 나는 지폐 속의 카렐교와 블타바강을 바라보면서 얼마나 많은 밤을 멍하니 지새웠는지 모른다. 지폐는 항상 나를 과거로, 그리고 세상 저편에 있는 집과 친밀한 온기가 있는 기억의 심연으로 데려다주었다. 그곳에서 나는 꿈을 꿀 수 있었고, 잃어버린 낭만과 이상을 조금씩 되찾을 수 있었다.

이렇듯 먼 옛날부터 시작된 프라하에 대한 동경 때문에 나는 프라하에 도착했을 때 알 수 없는 향수를 느꼈다.

밀레니엄이 지나고 몇 년 동안 나는 유럽에서 일과 연구를 하게 되었다. 유럽에 머물면서 세계 각국의 지폐를 접할 기회가 많았고, 지폐가 의외로 예술 및 역사와 깊이 연관돼 있음을 알게 되었다. 나는 전문적이고 세밀한 관점에서 수집과 탐색을 시작하였다. 수업을 들으며 요철판 인쇄를 연구하고 인쇄 잉크에 대해 이해했으며, 지폐를 디자인한 예술가들을 만났을 뿐만 아니라 더욱 다양한 지폐를 수집하기 위해 열심히 돌아다녔다.

그렇다고 늘 성공한 건 아니었다. 네덜란드의 마스트리흐트에서 열린 세계은행권협회(International Bank Note Society) 연회에서는 굉

◀ 1961년 체코슬로바키아에서 발행한 100코루나. 이 한 장의 지폐로 인해 평범하지 않은 인생의 여정이 시작되었다.

▲ 1961년 체코슬로바키아에서 발행한 100코루나.

▲ 뒷면에는 유명한 카렐교와 프라하성이 인쇄되어 있다.

장히 진귀한 중국 명나라의 지폐 '보초(寶鈔)'와 조우했지만 소유할 방법이 없어 안타까운 탄식만 흘렸다. 그뿐인가. 홍해 연안의 제다 항에서 헤자즈 왕국(Kingdom of Hejaz, 1916-1925)의 유일한 지폐 시리즈를 눈앞에서 놓치고 만 일은 지금까지도 후회막급이다.

반면 프랑스 남부 프로방스의 작은 도시에서 1959년에 발행한 프랑 지폐 전 시리즈를 우연히 발견했을 때는 기뻐서 깡충깡충 뛰었다. 뿐만 아니라 글래스고의 스코틀랜드 은행을 전부 들러 발행량이 적은 기념 지폐를 찾으러 돌아다니기도 했고, 멀리 있는 친구가 희소가치가 너무 높아서 구하기 힘든 만주국의 옛날 지폐를 부쳐준 적도 있었다.

그렇게 나는 지난 25년간 97개국을 돌아다니며 지폐를 수집했고, 그 과정에서 모든 지폐는 사연을 간직하고 있다는 사실을 알게 되었다. 그 찬란하고 순수한 디자인의 배후에는 다양한 감정과 이야기, 사건과 비밀이 숨겨져 있었다.

또한 내가 손에 넣은 지폐에는 나와 그 지폐에만 속한 우여곡절이 있었다. 지폐를 수집하며 나는 각국에서 다양한 경험을 했으며, 그것은 내 평생을 지탱해줄 힘이자 든든한 추억이 되었다.

당신은 내게 "왜 지폐를 수집하나요?"라고 물을지도 모른다. 그러면 나는 오래된 코루나 지폐를 들고 당신과 함께 코루나 지폐에 얽힌 사연에 대해 이야기를 나누고 싶다. 그런 다음 이렇게 말하고 싶다. "제가 수집하는 것은 지폐가 아니라 꿈입니다."

모든 지폐는 자신만의 언어로 비전과 이상을 이야기한다. 지폐에 관심을 갖는 이유가 고상한 취미를 위해서든 유행을 따르기 위해서든 상관없다. 단순히 지폐를 감상하는 행위 자체가 일종의 예술적 탐색이다. 지금 이 순간 유일하게 필요한 것은 당신이 호기심 가득한 두 눈으로 지폐에 새겨진 아름다운 이야기를 응시하는 것이다.

— 셰저칭

차례

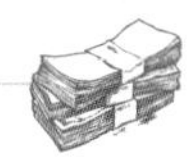

World history of banknotes

I

스페인

색채로 표현한 인간성의 존엄

Spain

1946년 스페인에서 발행한 100페세타 지폐의 앞면 일부

스페인
Spain

World history
of banknotes

삶의 막바지에 이르렀을 때 우리는 지상이 아닌 마음속에서 편히 잠들 곳을 찾아야 한다.
- 페르시아 신비주의 시인 루미(Rumi, 1207-1273)

모든 지폐에는 저마다의 이야기와 온도, 색채와 생각이 담겨 있다. 지폐에 담긴 이야기는 오랜 세월 끊임없이 이어지며 지폐 특유의 온도를 자아낸다. 고난의 세월을 거치며 감정적인 색채가 더해진 지폐에는 마치 평온한 희열이 담겨 있는 듯하다.

몽롱하고 모호한 배경, 신비한 기운마저 떠도는 이색적인 색채, 그리고 기쁨과 즐거움, 궁핍과 황폐가 뒤섞인 분위기가 마치 옅은 안개처럼 부드럽고 섬세하게 그림 속 인물을 둘러싸고 있다. 그림에 등장하는 아가씨의 젊음과 단정하고 우아한 분위기에는 근심이나 슬픔 따위는 존재하지 않는다. 진실한 동작, 말로 설명할 수 없는 고독과 아름다움이 존재할 뿐이다. 그동안 상전벽해를 실컷 겪어 세

고야의 작품 〈보르도의 우유 파는 아가씨〉

상의 흥망성쇠를 이해하고 다양한 고통을 꿰뚫어 보게 된 화가는 그럼에도 불구하고 따스하고 애정 어린 눈길로 쇠락하는 세상을 조용히 응시하는 것 같다.

마드리드에 위치한 프라도 미술관에는 〈보르도의 우유 파는 아가씨〉(1827)라는 제목의 작품이 전시되어 있다. 으슥한 구석에 전시돼 있어 많은 사람이 그림의 존재를 알지 못하고, 다른 소장 작품에 비해 유명하지도 않지만 나는 매번 프라도 미술관을 방문할 때마다 이 작품 앞에서 발걸음을 멈춘다.

대다수 사람들에게 고야(Francisco Goya, 1746-1828)라는 이름은 아마 낯설 것이다. 분명 고야는 대중들이 쉽게 좋아할 만한 예술가는 아니다. 스페인 북부의 몰락한 귀족 가문에서 태어난 그는 어릴 때부터 대담하고 열정적인 필치로 18세기 이베리아 반도의 풍요로운 분위기를 그려냈다.

결혼 후 고야는 처갓집 덕을 보고 있었는데, 서른 살 즈음 추천을 받아 마드리드의 왕립 태피스트리 공장에 들어가게 되었다. 그의 주된 일은 'Cartoons'라고 불리는 밑그림을 그리고 제작하는 것이

화가 포르타나가 1826년에 그린 고야의 초상

1886년 스페인 부르봉 왕조가 발행한
25, 100, 500페세타.
초상화의 인물은 모두 고야다.

었다.

고야가 밑그림을 완성하면 그것은 직공들에게 넘겨졌다. 그러면 직공들은 모직물에 밑그림을 정확하게 복제했다. 대다수의 태피스트리는 귀족과 서민의 일상생활을 풍부한 색채와 생동감 넘치는 분위기로 묘사한 것이었다. 1775년부터 1791년까지 고야는 스페인 황실을 위해 각지의 별궁에 적어도 63편의 밑그림을 그린 것으로 추정된다. 이는 오늘날 우리가 18세기 스페인의 풍속과 민심을 이해하는 데 중요한 예술 작품이 되고 있다.

그중 하나가 1777년에 그린 〈파라솔〉이다. 이 그림에는 화려한 옷을 입고 부채를 들고 있는 귀부인이 그려져 있다. 귀부인의 얼굴에는 매혹적이고 자긍심 넘치는 미소가 가득하다. 그 뒤에는 하인이 파라솔을 정중하게 들고 있다. 자신의 신체가 여주인에게 닿지 않도록 거리를 유지하고 있는데 이는 친밀하면서도 소원한 주종관계를 의미한다. 이 작품은 강렬하고 풍성한 색감과 극적인 명암 대비로 스페인 귀족이 석양을 즐기는 모습을 묘사한 것이다.

고야가 〈파라솔〉을 그린 시기에 대서양 건너편 미국에서는 자유, 민주, 평등을 외치는 정치 선언이 탄생했다. 또한 대영제국과 식민지 간의 전쟁은 들판에 불이 붙은 듯 빠르게 전개되었고, 새로운 시대가 점차 가까워지고 있었다. 그러나 스페인 귀족들은 여전히 향락과 즐거움이라는 오랜 꿈속에 빠져 있었다.

초기의 고야는 당시의 예술사조였던 로코코 양식의 섬세하고 나태한 아름다움에 미련을 두고 있기는 했지만, 한편으로는 이러한 아름다움이 눈 깜짝할 사이에 흙먼지로 변할 것이라 생각하기도 했

고야의 작품 〈파라솔〉

다. 실제로 그로부터 몇 년 후, 화려함의 극치를 달리는 귀족적인 로코코 양식은 새로운 시대의 경멸과 비판, 유린을 당하게 되었다. 고야는 고상하고 풍요로운 묘사에 전념하면서도 인물의 눈빛을 통해 아쉬움과 연민을 영원히 남기려 했다. 마치 이어지는 순간에 그림 속 인물들이 더 이상 존재하지 않을 것처럼 말이다.

또 다른 두 편의 작품 〈술 마시는 사내〉(1777)와 〈도자기 파는 여인들〉(1779) 또한 고야가 왕립 태피스트리 공장에서 일하던 시기에 창작한 것이다. 〈술 마시는 사내〉에서 바위 위에 자리를 잡고 술을 퍼마시는 남자와 〈도자기 파는 여인들〉에서 건초더미에 앉아 물건을 파는 부녀자들은 모두 평범한 서민들이었고 고야는 그들에게 관심과 동정을 투영했다.

그들은 나라가 홀대하는 변두리 계층이기에 연약하고 보잘 것 없었지만, 고야는 그들의 세속적인 모습을 미화하거나 포장하지 않고 그대로 보여주려 했다. 서민의 일거수일투족은 고상하기는커녕 거칠었지만(그림 속에서 입을 크게 벌리고 술을 마시거나 당근을 씹고 있는 남자의 모습을 보면 알 수 있다) 그림 곳곳에서 원초적이고 왕성한 생명력이 넘쳐흘렀다.

이와는 달리, 마치 초현실적 장막에 둘러싸인 듯한 〈술 마시는 사내〉의 귀족 남자 세 명과 〈도자기 파는 여인들〉의 마차를 탄 귀부인은 상류사회의 음침함과 현실에 대한 무지 및 부조화를 드러낸다.

나는 줄곧 고야의 풍속적인 작품을 좋아했다. 냉정하면서도 열정적인 필치, 신비로운 색채에 대한 추구는 인간의 존엄성이 충만한 예술의 세계로 우리를 안내한다.

1946년 스페인에서 발행한 100페세타의 앞면.

100페세타의 뒷면은 고야의 작품 〈파라솔〉이다.

1949년 발행한 100페세타. 뒷면의 주제는 고야의 작품 〈도자기 파는 여인들〉이다.

1949년 발행한 1,000페세타. 뒷면의 주제는 고야의 작품 〈술 마시는 사내〉다.

계급의 격차를 조화롭게 녹여낸 고야의 예술적 스타일은 오랫동안 스페인 국민들의 사랑을 받았다. 그래서일까. 스페인의 지폐 발행 역사를 살펴보면 고야는 주제 인물로 가장 많이 등장한 사람 중 하나다. 그만큼 스페인을 대표하는 화가이자 시대를 가장 잘 이해하고 표현한 예술인이었다. 부르봉 왕조 시대부터 20세기 초 제2공화국에 이르기까지, 심지어 프랑코 장군의 독재 시대에 발행된 지폐에서도 고야의 자취를 발견할 수 있다.

나는 고야의 손끝에서 태어난 작품을 감상할 때마다 한 시대의 번영과 쇠퇴를 한눈에 보는 듯하다. 정밀하고 우아한 그의 작품이 인쇄된 지폐는 마치 '우리가 소유한 것은 재물이 아니라 꿈'이라는 사실을 이야기하는 듯하다.

2
부룬디 · 르완다

현대사의 정곡을 찌르는 어두운 상처

Burundi · Rwanda

2004년 부룬디에서 발행한 10,000부룬디프랑 지폐의 뒷면 일부

마지막으로 우리가 기억해야 할 것은 적의 말 한마디가 아닌 친구의 침묵입니다.
– 마틴 루터 킹(Martin Luther King, Jr., 1929-1968)

지폐에는 아름다움과 감동 외에도 파란만장한 시대와 문명의 흥망성쇠가 담겨 있다. 이러한 지폐는 독특한 자태로 어두운 시대에 감추어진 비밀의 정곡을 찌른다.

무람비 기술학교(Murambi Technical School)의 옛터는 르완다 수도 키갈리에서 북쪽으로 50킬로미터 떨어진 곳에 있다. 시야가 탁 트인 구릉지의 흙먼지 날리는 도로 옆에는 과일 가판대가 줄줄이 늘어서 있었다. 하루하루 힘들게 생활하는 사람들이지만 나는 그들의 양미간에서, 소리치며 물건을 파는 일거수일투족에서, 삶에 대한 열정과 적극적인 태도를 포착할 수 있었다.

기념품을 팔기 위해 나온 아이들을 바라보았다. 모두 역사의 비극이 발생한 지 몇 년 후에 태어난 아이들로, 과거 이곳에서 발생한 암담한 사건을 모르는 듯했다.

《다크 투어리즘(Dark Tourism)》에 따르면 충돌이 발생한 1994년 4월 7일 무람비 지역의 투치족은 교회를 개조한 보호소에 몸을 숨겼다. 르완다 정부 당국은 이들을 산 위의 무람비 기술학교로 이동시키기로 결정했다. 4월 16일 총 6만 5000명의 투치족이 보호를 받기 위해 학교로 몰려들었다.

다음 날 경비를 맡은 헌병 네 명이 갑자기 종적을 감췄다. 그리고 그들을 대신해 후투족 무장 세력이 들어섰다. 이들은 며칠 동안 학교를 완전히 포위한 채 수도와 음식 공급을 끊고 소규모 공격을 시작했다. 투치족은 원시적이고 초라한 무기로 가족들을 보호하며 후투족 무장 세력에 대항했다. 4월 21일이 되자 후투족 무장 세력은 학교를 대대적으로 공격했고, 사흘 동안의 피비린내 나는 대학살이 시작되었다.

나는 학교 구석구석을 둘러보았다. 곳곳에는 도끼로 찍은 흔적, 탄흔, 신발더미가 산재했고, 만 벌에 가까운 옷가지에서는 총칼의 흔적을 똑똑히 볼 수 있었다. 그러나 나를 가장 전율케 한 것은 셀 수 없을 만큼 많은 유골이었다. 유골에는 보기만 해도 마음이 아픈 총상 자국이 남아 있었다.

나는 투치족 사람들이 삶의 마지막 순간에 마주한 공포를 상상할 수 있었다. 학살기념센터의 가이드 설명에 따르면 대학살을 저지른 후 후투족 무장 세력은 열심히 구덩이를 파서 학살의 흔적을 없애려 했다. 그러나 피해자가 너무 많은 까닭에 결국 적당히 파묻을 수밖에 없었고, 어린아이나 아기들은 산 채로 매장했을지도 모른다고 했다.

1995년 유엔은 각국의 재난구조조직과 협력해 르완다, 자이르, 부룬디에 들어가 다수가 매장된 현장을 정리했다. 그리고 감식을 통해 4만 4000구의 유해를 다시 매장했다.

유해가 가득 쌓인 평상 앞에 서서 나는 한동안 마음의 평정을 찾을 수 없었다. 20세기의 마지막이 얼마 남지 않았던 그때 왜 종족 말살이라는 비극적인 사건이 벌어져야만 했던 걸까.

이야기는 몇 백 년 전으로 거슬러 올라간다. 아프리카 대륙에 막 발을 디딘 유럽인들은 중앙아프리카의 흑인들이 건설한 고도의 문명을 발견했다. 그러나 20세기 중엽까지 유럽인들은 흑인을 동물이나 원숭이처럼 여겼다. 문명을 소유하기는 했어도 '고상한 야만인'에 불과했다.

인종주의자들은 흑인들이 쌓아올린 문명을 생각하며 한 가지 이론을 생각해냈다. 창세기에 따르면 대홍수가 세상을 휩쓸고 지나간

무람비 기술학교의 옛터. 현재는 '무람비 종족 학살기념센터'로 바뀌었다. 이곳에서는 아프리카 대륙의 어두운 과거를 살펴볼 수 있다.

후 노아의 세 아들은 각각 대륙에 흩어졌다. 그중 셈(Shem)은 아시아와 아랍인의 조상이 되었고, 야벳(Japheth)은 유럽 백인종의 조상이 되었다. 그리고 함(Ham)은 아프리카인의 조상이 되었다. 그러니 야만무지하고 열등한 인종인 흑인은 '반드시' 함의 자손이어야 했다. 하지만 이들이 어떻게 문명을 건설한단 말인가.

인종주의자들의 그럴듯한 학설에 의하면 '문명을 수립한' 아프리카인은 셈의 후예였다. 북아프리카에서 사하라를 넘어 계속 이동하는 바람에 피부가 검어졌지만 다른 토착민에 비하면 그들의 피부색은 비교적 밝은 편이었고 콧대도 높았다. 이론적으로는 유럽인의 혈통과 비슷했다. 그들은 이렇게 흑인들이 문명을 수립할 수 있었던 이유를 해석했다.

유럽인은 아프리카에 식민지를 건설하면서 '고상한 야만인'에게 비교적 높은 사회적 지위를 부여했고, 그들을 이용해 낮은 계층의 흑인을 통치했다. 중앙아프리카에서는 이러한 이론에 근거해 비교적 인구가 적고(약 15퍼센트) 피부색이 밝은 투치족에게 통치권을 부여했다. 그리고 인구가 상대적으로 많은(약 85퍼센트) 후투족을 약세로 몰아붙였고, 통치를 받는 계급으로 만들었다.

후투족과 투치족의 원한은 이때부터 뿌리를 내리기 시작했다. 식민지 체제가 무너지자 입장이 바뀌어 원래 피통치자 계급이었던 후투족이 르완다, 우간다 및 부룬디의 통치자로 떠오르게 되었고, 투치족은 박해를 받는 쪽이 되었다. 결국 1994년 후투족과 투치족 간의 종족 전쟁, 즉 르완다 대학살이 일어났다.

영화 〈호텔 르완다〉와 〈4월의 어느 날〉을 본 사람이라면 르완다 대학살이 낯설지 않을 것이다. 그러나 대학살의 도화선이 된 나라가 르완다가 아닌 탕가니카 호반(Lake Tanganyika)의 나라 부룬디라는 사실을 아는 사람은 매우 드물다.

1995년부터 2009년까지 부룬디에서 유통된 500부룬디프랑 지폐의 앞면은 부룬디 대통령 은다다예(Melchior Ndadaye, 1953-1993)의 초상화다. 훗날 부룬디는 어떤 이유에서인지 스타일이 같고 도안도 매우 비슷한 500부룬디프랑 지폐를 재차 발행했다. 이는 1995년 발행된 지폐와 동일한 시리즈에 속하는데, 유일한 차이점은 대통령의 초상이 전통 조각 도안으로 대체되었다는 것이다.

은다다예는 부룬디 역사상 최초의 후투족 출신 민선 대통령이었다. 그는 평생 후투족과 투치족 사이의 원한을 해소하는 데 힘썼다. 그러나 취임한 지 3개월여 만에 군사 쿠데타로 피살당하고 말았다. 그의 선구자 격이었던 르와가소르(Louis Rwagasore, 1932~1961) 왕자처럼 비극적인 결말을 맞이했다.

1945년부터 아프리카에서는 독립운동이 한창 벌어졌다. 부룬디 독립운동의 리더는 투치족의 르와가소르 왕자였다. 그는 귀족이었지만 후투족 평민 여자와 결혼해 이 세상에서 두 민족이 평화롭게 공영할 수 있음을 명백히 알렸다.

그는 이례적으로 투치족과 후투족 모두 존경하는 정치 지도자였다. 그래서 부룬디 최초의 수상이 되었으나 취임한 지 2주 만에 기독교민주당(극단 인종주의 단체)의 급진주의자에게 암살되고 말았다. 그의 나이 스물아홉이었다. 이때부터 부룬디의 투치족과 후투족의 분열은 장기화됐다.

1995년 부룬디가 발행한 500부룬디프랑. 훗날 또 다른 판본이 등장했다.
나중에 발행된 지폐는 대통령 은다다예의 초상을 전통 조각으로 대체했다.

르완다와 부룬디의 공통적인 난제는 후투족이 전체 인구의 80퍼센트 이상을 차지하므로 만약 민주적인 투표로 직접 선거를 시행하면 분명 후투족 출신이 승리할 것이라는 점이었다. 결국 과거에 그래왔던 것처럼 군권은 다시 투치족의 손아귀에 들어가게 되었고, 투치족은 권력을 잃으면 후투족에게 처참한 복수를 당하지 않을까 두려워한 나머지 절대 총자루를 놓지 않았다. 1962년 벨기에로부터 독립한 후에도 부룬디의 투치족은 계속해서 군대를 이용해 국가 권력을 장악했고 후투족은 여전히 식민 시대와 마찬가지로 맨몸으로 핍박당하는 국면에 처했다. 훗날 후투족은 여러 차례 쿠데타를 일으켜 권력을 탈환하려 했지만 상황은 전혀 나아지지 않았다.

1993년 두 민족의 대립을 완화하기 위해 부룬디의 여야는 군사 통치를 끝내는 데 합의하고 다양한 당이 출마하는 대통령 선거를 실시했다. 의심의 여지없이 후투족은 압도적인 승리를 거두었고 은다다예는 새로운 대통령이 되었다. 후투족 출신이 국가원수 자리에 오른 것은 부룬디 역사상 최초였다.

대통령이 된 은다다예는 투치족 출신을 총리로 임명하는 등 민족의 화해를 위해 최선을 다했다. 그는 투치족이 군대를 장악한 국면을 타파하고 민족 문제를 근본적으로 해결하기 위해 후투족 출신의 군관을 다수 임명했다. 하지만 이는 투치족 군인의 분노를 사게 되었고 결국 쿠데타가 일어났다. 쿠데타는 실패했지만, 은다다예 대통령은 투치족 장교들에게 암살되었다. 후투족은 은다다예 암살 후에도 한동안은 정권을 장악했다.

그러다 1년도 채 지나지 않은 1994년 4월 6일 르완다 대통령 하브자리마나와 부룬디 대통령 은타랴미라가 탑승한 전용기가 르완다 수도 키갈리 부근에서 격추되었다. 후투족 출신 대통령 두 사람이 한꺼번에 피살된 것이다. 범인이 투치족 유격대라고 말하는 사람도 있었고, 후투족 급진주의자의 소행이라는 소문이 떠돌기도 했다. 대통령이 투치족과 평화 협정을 체결한 것에 불만을 품고 이러한 암살 사건을 계획했다는 것이었다. 그러나 전용기를 격추시킨 범인이 누구든 간에 이 사건은 르완다 대학살의 발단이 되었다.

대학살 이듬해(1995년) 부룬디 정부는 희생된 은다다예 대통령을 기념하기 위해 그의 초상화를 500부룬디프랑 지폐에 인쇄했다. 이는 후투족 출신으로는 처음으로 부룬디 지폐에 등장한 것이었다.

그러나 이 지폐가 정식으로 유통되기도 전인 1996년 정세가 돌변했다. 투치족이 장악하고 있던 군대가 다시금 쿠데타를 일으켜 후투족 출신 대통령을 몰아내고 정권을 잡은 것이다. 투치족 정부는 은다다예가 인쇄된 500부룬디프랑 지폐를 전부 봉인했고, 1년 후 새로운 판본의 500부룬디프랑 지폐를 발행했다. 은다다예 대통령의 초상화는 지폐에서 사라졌고, 그 자리는 전통 조각이 대신했다. 분명 투치족 정부는 후투족 출신 대통령을 지폐에 남겨둘 수 없었던 것이다. 이는 '당신들의 대통령은 우리들(투치족)이 죽였다!'고 후투족을 일깨우는 것이나 다름없었다.

원한은 감춘다고 사라지는 것이 아니다. 정권을 놓고 싶지 않았던 후투족은 다시 반정부 무장조직을 구성했고 부룬디의 내전은 갈수록 격화되었다. 두 민족이 서로를 학살하는 가운데 수십만 명이 무고한 죽음을 맞이했다.

르완다가 1974년 발행한 500르완다프랑.
앞면의 초상은 대통령 하브자리마나이고, 뒷면은 전통적인 농업을 주제로 한 도안이다.

2004년 부룬디에서 발행한 10,000부룬디프랑의 뒷면.

동시에 발생한 르완다 대학살 때문에 부룬디의 종족 학살은 등한시되는 경향이 있다. 부룬디는 면적이 매우 협소한 나라지만, 이곳에서 발생했던 피비린내 나는 살육은 결코 르완다에 뒤지지 않았다.

오랜 기간 지속된 내전과 가난으로 부룬디는 숨이 끊어질 듯한 고통에 시달렸다. 2002년 국제사회의 조정 아래 두 민족은 휴전에 동의하고 평화 협정에 서명했다. 이로써 비극적인 내전은 종지부를 찍었다.

2004년 부룬디는 액면가 10,000부룬디프랑 지폐를 발행했다. 지폐에는 두 명의 초상화가 인쇄되어 있는데, 투치족인 르와가소르 왕자와 후투족인 은다다예 대통령이다. 이 지폐에는 강력한 정치적 메시지가 담겨 있다. 두 민족 간 진정한 화해의 가능성과 희망을 보

▶ 후투족의 은다다예 대통령(오른쪽)과 투치족의 르와가소르 왕자(왼쪽)가 같은 지폐에 나란히 등장했다. 이는 두 민족 간 진정한 화해의 가능성과 희망을 보여준다.

BANQUE DE LA REPUBLIQUE
DU BURUNDI
10000
DIX MILLE FRANCS
AMAFARANGA IBIHUMBI
CUMI
IBANKI YA REPUBLIKA
Y'UBURUNDI
LE 1er VICE-GOUVERNEUR
LE GOUVERNEUR
P981359B
P981359S
10000
01-07-2009
10000

여주는 것이다.

이 지폐는 태평성대를 살아가고 있는 우리에게 죽음은 생명을 잃는 것이 아니라 시간의 흐름에서 벗어나는 것일 뿐이라는 사실을 일깨워준다. 불구대천의 원수였던 두 민족을 대표하는 두 사람은 투치족과 후투족의 화해를 위해 노력했지만 짧은 재임 기간 중에 암살당했다. 하지만 사망 후에도 같은 지폐에서 만나 여전히 부룬디의 통합과 발전에 지대한 역할을 하고 있는 것이다.

부룬디와 르완다에서 발생한 일은 절대 잊어서는 안 될 비극이다. 과거에 발생했던 모든 일을 마음에 깊이 새길 때 우리는 이러한 비극이 다시 발생하는 것을 피할 수 있다.

World history of banknotes

3
네덜란드

유행을 주도하는 혁신의 아름다움

Netherlands

1968년 네덜란드에서 발행한 10길더 지폐의 뒷면 일부

World history
of banknotes

진정한 자유는 상호적인 평등(equality)이 아닌 가치상의 대등(equivalence)이다. 예술에서 모든 형상과 색채는 각기 다른 의미를 지니지만 그 가치는 모두 같다.
– 피에트 몬드리안(Piet Cornelis Mondrian, 1872-1944)

1965년 프랑스의 패션디자이너 이브 생 로랑(Yves Saint Laurent)은 소매가 없는 모직 원피스 여섯 벌을 출시했다. 경쾌하고 시원한 재단 스타일에 검은 선과 원색 네모를 대담하게 사용한 원피스는 패션위크에 등장하자마자 프랑스판 〈보그(Vogue)〉 9월호 표지에 실렸다. 기하학을 활용한 획기적인 디자인으로 이브 생 로랑은 패션에 대한 대중의 인식을 완전히 바꾸어놓았다.

그러나 생 로랑의 창작은 결코 무(無)에서 탄생한 것이 아니었다. 그의 디자인은 네덜란드의 데 스틸(De Stijl)[4] 및 데 스틸의 선구자라

4. 네덜란드의 아방가르드 운동. '신조형주의'라고도 한다.

몬드리안의 〈빨강, 파랑, 노랑의 구성〉

고 할 수 있는 회화 예술가 몬드리안의 작품에서 비롯되었다. 〈빨강, 파랑, 노랑의 구성(Composition in Red, Blue, and Yellow)〉은 몬드리안의 데 스틸을 대표하는 작품이다.

이 작품의 배경은 견고한 순백으로, 이는 다빈치의 회화 이념이 확대된 것이다. 백색은 작품에 깨끗하고 순수한 무대를 마련한다. 그 무대에서 화가는 검은색 물감을 사용해 수직과 수평으로 다양한 굵기의 선을 견실하게 표현했다. 비대칭적인 구조로 역동성을 느낄 수 있는 이차원적 시각 공간이다. 그런 다음 네모 안을 빨강, 파랑, 노랑의 삼원색으로 메워 고도의 논리성, 이상성을 지니면서도 극도로 추상적인 스타일의 새로운 예술을 탄생시켰다.

이처럼 난해한 회화 작품에는 몬드리안의 핵심적인 예술 개념이 담겨 있다. 그의 목표는 '우주의 모든 만물을 가장 기본적인 요소(색채, 기하, 직선, 평면)로 변화시킨 다음, 가장 순수한 방식으로 만물의 유사성을 표현하는 것'이었다.

몬드리안은 모든 자연의 형상은 배제되어야 한다고 지적했다. '자연의 형상은 예술의 진정한 방해물'이기 때문이다. 예술가는 색채와 기하를 충분히 사용해 순수하고 수학적인 요소를 지닌 작품을 창조해야 한다. 몬드리안은 데 스틸이 건축, 공업 및 패션디자인에 대량으로 응용될 수 있다고 믿었다.

데 스틸은 디자인계의 전폭적인 지지를 받았다. 빨강과 파랑의 안락의자 및 슈뢰더 저택을 설계한 게리트 리트펠트(Gerrit Rietveld, 1888-1964), 암스테르담 시내의 국가전쟁기념패를 설계한 야코부스 오우트(Jacobus Oud, 1890-1963), 그리고 패션디자이너 이브 생 로랑이 대표적이다.

이브 생 로랑은 몬드리안의 작품 네 점을 소장하고 있는데 그중 하나가 〈빨강, 파랑, 노랑, 검정의 구성(Composition avec bleu, rouge, jaune et noir)〉(1922)이다. 그의 말에 따르면 몬드리안이 창작한 모든 예술 작품은 '더할 수 없는 순수성'을 표현하고 있다. 그리고 단순한 배열과 조합은 심오한 간결성을 드러내기에 충분하다.

나는 런던 빅토리아 앤 알버트 뮤지엄(Victoria and Albert Museum: V&A)에서 당시 패션업계를 전율케 한 생 로랑의 명작을 보았다. 반세기가 흘렀지만 미래지향적이고 생동감 넘치는 '몬드리안 시리즈'는 여전히 전위적이고 매력적이었다. 생 로랑의 작품뿐 아니라, 프란체스코 마리아 반디니(Francesco Maria Bandini), 웬델 로드릭스(Wendell Rodricks), 그리고 미우치아 프라다(Miuccia Prada)의 기하학적인 재단과 콜라주, 크리스티앙 루부탱(Christian Louboutin)의 붉은 구두 바닥, 오흐로주(Horloges)의 괘종시계, 카라 로스(Kara Ross)가 디자인한 액세서리와 숄더백도 모두 몬드리안의 데 스틸과 직접적인 연관이 있다.

데 스틸의 디자인 철학은 네덜란드 지폐의 미학적인 관점도 변화시켰다. 오랜 기간 네덜란드의 문화는 이성적이고 정확하다는 특색이 있었다. 르네상스 시대의 인문사상가 데시데리우스 에라스무스(Desiderius Erasmus, 1466-1536), '국제법'과 '해양법'의 아버지 휴고 그로티우스(Hugo Grotius, 1583-1645), 푸가의 선구자이자 파이프 오르간의 대가 얀 스베일링크(Jan Pieterszoon Sweelinck, 1562-1621), 오리온 대성운과 토성의 고리를 발견한 천문학자 크리스티안 호이겐스(Christian Huygens, 1629-1695), 미생물학의 기초를 마련한 안토니 반 레이우엔훅(Antonie van Leeuwenhoek, 1632-1723), 대표적인 이성주의 철학자 바뤼흐 스피노자(Baruch Spinoza, 1632-1677), 임상의학과 현대 의학교육의 기초를 다진 헤르만 부르하버(Herman Boerhaave, 1668-1738) 등은 평생 우리의 육안으로는 볼 수 없는 세계를 확실히 해석하고자 했다. 렘브란트, 베르메르, 할스, 반 고흐, 에셔와 몬드리안 등의 화가들은 예술 창작을 통해 현상의 근원을 밝히려고 했다.

그럼 지폐는 어떨까. 1953년 네덜란드 중앙은행이 발행한 길더(Gulden) 시리즈에서는 모더니즘의 그림자를 어렴풋이 엿볼 수 있다. 소액인 10길더에서 거액인 1,000길더에 이르기까지 앞면은 모두 역사적 인물의 초상이고, 뒷면은 복잡하고 세밀한 구도를 통해 질서와 조화의 미를 드러낸다.

그러다 1966년부터 지폐 스타일에 대전환이 일어난다. 예술가 옥세나아르(Ootje Oxenaar)는 기업 이미지 통합 전략을 네덜란드 길더에 도입하고, 몬드리안의 기하학적 스타일을 결합해 전대미문의

1953년 네덜란드가 발행한 20길더.
앞면의 인물은 부르하버다.

1953년 네덜란드가 발행한 100길더.
앞면의 인물은 에라스무스다.

1953년 네덜란드가 발행한 1,000길더.
앞면의 인물은 렘브란트다.

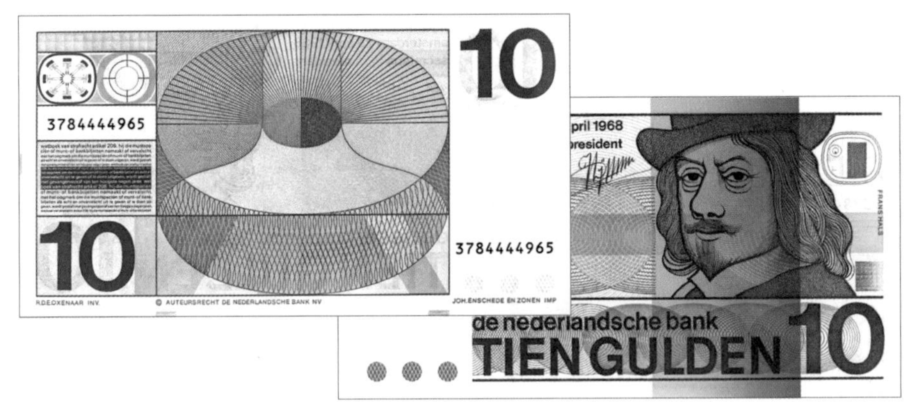

1968년 발행한 10길더 지폐.

지폐 스타일을 창조해냈다. 이렇게 발행된 지폐는 심플해 보이지만, 지폐 역사상 인쇄 난도가 가장 높은 축에 속한다.

지폐 앞면은 인물의 세부적인 특징을 단순화해 전체적으로 깔끔하고 우아해 보이도록 만들었다. 윤곽선 대신 색을 채우고 오목판 인쇄를 사용해 입체감을 강화했다. 그렇게 원화의 원근법을 배제해 스타일리시하고 평면적인 디자인을 완성했다.

뒷면은 직관적이고 추상적인 도형을 사용해 이성과 정확함을 고집하는 네덜란드인의 정신적 특질을 드러냈다.

여기서 주목해야 할 것은 스피노자가 모델이 된 1,000길더 지폐다. 오른쪽 귓가의 둥글게 말린 머리카락에 옥세나아르의 지문을 집어넣은 기묘하고 유일무이한 디자인이 특징이다.

1970년대에 들어서 네덜란드의 지폐 디자인은 더욱 자유분방해졌다. 1977년부터 1985년까지 발행된 길더 시리즈는 플랑드르 문화의

1972년 발행한 1,000길더 지폐. 스피노자가 주인공으로, 돌돌 말린 머리카락의 지문이 매우 독특하다.

포용적이고 개방적인 부분을 드러냈다. 네덜란드 중앙은행은 옥세나아르에게 디자인을 제안하면서 과감한 시도를 요구했고, 옥세나아르도 대중의 기대에 영합하지 않고 자신만의 디자인 철학에 입각해 아름다운 결과물을 만들어냈다.

옥세나아르는 역사, 종교, 정치적 의미가 있는 도안을 대담하게 포기하는 대신 해바라기, 바늘꼬리도요, 베스트 쇼유벤(West Schouwen) 등대를 소재로 하여 아름다운 색채로 인간과 대자연의 친밀한 상호 작용을 표현했다. 나는 이 지폐의 워터마킹을 특히 좋아하는데 50길더에는 꿀벌, 100길더에는 도요새, 액면가가 독특한 250길더에는 옥세나아르의 여자 친구가 기르던 귀여운 토끼가 들어가 있다.

세부적으로 꼼꼼히 살펴보면 이 지폐 시리즈가 세상의 우아함뿐만 아니라 순수한 동심까지 담고 있다는 사실을 발견할 수 있을 것이다. 그 결과 이 지폐들은 오늘날까지도 지폐 디자인을 대표하는 명작으로 자리 잡고 있다.

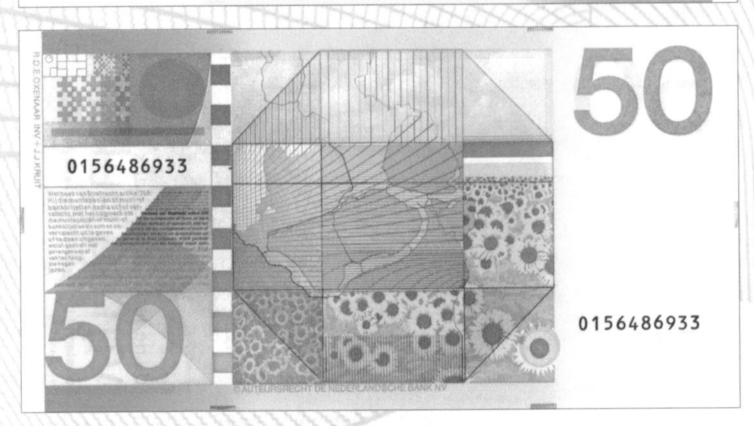

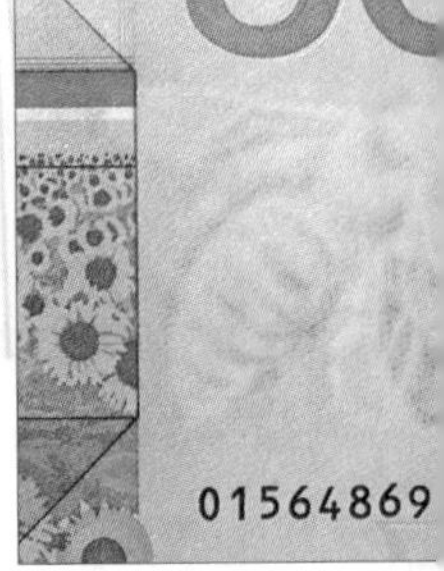

1977년부터 1985년까지 네덜란드가 발행한 길더. 세속적이면서도 동심이 충만하다. 아름답고 밝은 색채를 사용하고 세부적인 부분을 풍부하게 묘사해 오늘날까지 널리 사랑받는 지폐 디자인의 명작이다.

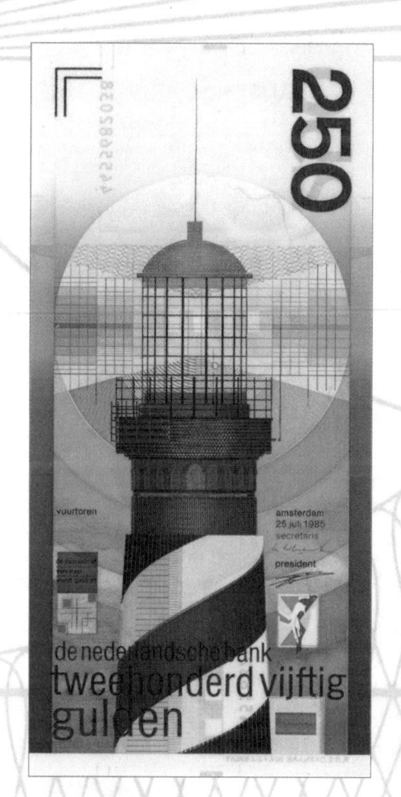

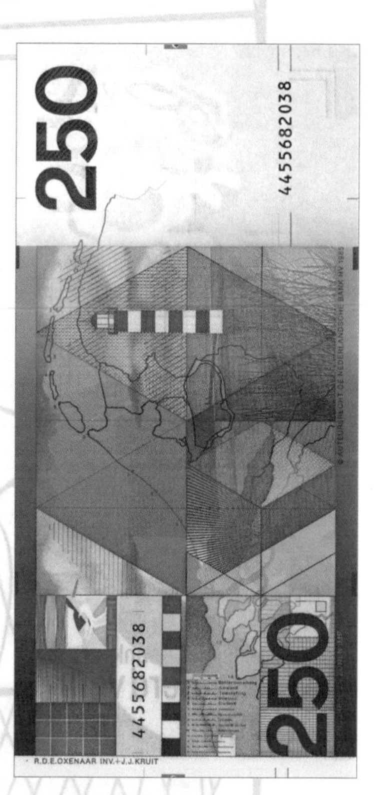

1985년 발행된 네덜란드 길더. 옥세나아르가 디자인한 지폐의 대표작이다.

옥세나아르의 디자인은 네덜란드 왕국의 해외 식민지 지폐 스타일에도 영향을 주었다. 2010년 와해된 네덜란드령 안틸제도(Netherlands Antilles)가 가장 좋은 예다. 1986년부터 2014년까지 이곳에서 유통된 지폐는 광택 있는 단색 잉크로 인쇄했음에도 불구하고 파노라마적인 색채가 충만하다. 나는 이러한 특징이 한껏 발현된 1986년의 조류 도안을 특히 좋아한다. 수학적 논리를 지닌 기하학적 분할, 심플하면서도 깊은 디자인에 소박하면서도 고급스러운 느낌을 준다.

1989년부터 1999년까지 발행된 네덜란드 길더의 마지막 시리즈는 완전히 데 스틸 영역에 진입했다. 특히 몬드리안 스타일은 입체파(Cubism)와 미래주의(Futurism)의 결합이라 할 수 있다. 네덜란드 왕실인쇄공사는 운동에너지가 느껴지는 기하학 디자인을 주제로 삼았는데, 거의 컴퓨터로 제도한 것처럼 기계적이었다. 이러한 지폐 디자인은 세기말의 불안과 비관, 무질서함과 밀접한 관련이 있다.

마지막 길더 시리즈는 네덜란드 황금시대의 이성적인 정신을 계승했고, 우주 질서의 내재적인 균형을 추구했다. 디자이너는 삼각형, 사각형, 원형 및 변형된 도형에 과학적인 상감 기법을 사용하고 배색조차 철저하게 시스템화했다. 그래서 마치 컴퓨터로 제도한 것처럼 보이는 효과를 가져왔다. 물리적 사실과 상상이 공간에서 서로 교차하며 인류 감각의 부정확성을 포착해냈다. 평면 속에서 입체감을 드러내 정적인 화면에서 동적인 에너지를 표현했고, 이는 사람들에게 '미래의 충만한 가능성과 낙관적인 희망'을 보여주었다.

- 위 – 네덜란드령 안틸제도에서 1986년 발행한 250길더 지폐. 수학적 논리성과 자연이 결합되어 있다.
- 가운데 – 네덜란드에서 1992년 발행한 100길더 지폐.
- 아래 – 네덜란드에서 1997년 발행한 10길더 지폐.

가운데와 아래 지폐는 운동에너지가 느껴지는 기하학적 무늬가 주제이기 때문에 과학기술적인 느낌이 강하다.

2002년 유로화가 발행되면서 네덜란드 길더는 시장에서 물러나게 되었다. 그러나 1982년 발행된 해바라기 도안 지폐는 반 고흐가 그린 해바라기와 마찬가지로 수많은 사람들의 마음속에 영원히 변하지 않는 '아름다움'으로 남아 있다.

World history of banknotes

4
인도네시아 · 트리니다드 토바고 · 파푸아뉴기니

길숙한 우림에서 목격한 유혹의 춤

Indonesia · Trinidad and Tobago · Papua New Guinea

1959년 인도네시아에서 발행한 1,000루피아 지폐의 뒷면 일부

인도네시아
Indonesia

트리니다드 토바고
Trinidad and Tobago

파푸아뉴기니
Papua New Guinea

World history
of banknotes

내륙으로 뻗어나가는 짙푸른 산등성이를 바라보면서 나는 격동과 흥분을 억누를 수 없었다. 산의 저쪽은 지금껏 인류 문명이 닿지 않은 곳이었다. 그곳에는 나무를 기어오르는 캥거루와 원주민의 배를 할퀴는 사납고 흉악한 화식조가 살고 있었다. 그리고 어두컴컴한 태고의 삼림 속에는 지구상에서 가장 기묘하고 아름다운 조류, 극락조가 살고 있었다.
– 앨프리드 러셀 월리스, 《말레이제도》

동이 트기 전, 나는 가이드를 따라 어둡고 질퍽거리는 밀림 속으로 들어갔다. 이틀 동안 비가 내리지 않았는데도 숨이 막힐 만큼 습했다. 채 10미터도 걷지 않았는데 몸에 걸친 옷이 전부 축축해졌다.

밀림 속을 40분이나 열심히 헤쳐나간 끝에 숲 사이에 위치한 자그마한 공터에 도착했다. 가이드는 고개를 돌려 씩 웃더니 앉을 만한 자리를 발견했다고 눈빛으로 이야기했다. 우리는 차분히 앉아 기적이 일어날 순간을 기다렸다.

30분쯤 지나자 처음으로 새 한 마리가 날아와 가장 눈에 잘 띄는 나뭇가지 끝에 앉았다. 그 새는 우아하면서도 귀여운 황금색 머리를 지닌 반면 꼬리에는 화려하고 아름다운 새빨간 깃털이 길게 자라 있었다. 보헤미안 스타일의 꼬리 끝부분에는 둥글게 구부러진 검정색 깃털 두 가닥이 상하좌우로 작게 팔딱거렸다.

잠시 후 다른 새들도 그 새의 행렬에 끼어들기 시작했고 이어서 벌어진 광경에 나는 어안이 벙벙해졌다. 나뭇가지 위의 모든 새들이 마치 약속이나 한 듯 광택이 흐르는 밝은 녹색의 가슴을 드러내며 날개를 머리에 휘감고 아름다운 목둘레를 과시했다. 그런 다음 황금색 부리를 벌리는 동시에 뽐내듯 엉덩이를 흔들고 날개를 퍼덕이며 몸을 빙글빙글 돌리는 것이었다.

이따금 담갈색 암컷 새 한두 마리가 춤추는 무리에 끼어들었다. 이들은 마치 오디션 프로그램의 콧대 높고 고집스러운 심사위원단처럼 수컷 새의 앞뒤를 오가며 평가를 내렸고, 때로는 목소리를 맞추어 노래를 불렀다. 그러나 새들이 금슬 좋게 지저귀는 소리는 '차마 들어줄 수 없는 소리'였다. 이때 탱고나 플라멩코 무곡이 흘러나왔다면 더할 나위 없이 완벽했을 텐데!

20분이 지났는데도 나뭇가지 위에서 벌어지는 화려한 무도회는 계속되었다. 우리는 혹시라도 극락조가 놀라서 갑자기 날아가 버릴까 봐 숨소리조차 크게 내지 못했다.

그렇게 무심코 바라보고 있던 그때였다. 새들이 갑자기 모든 동작을 멈추더니(정말 매우 갑작스러웠다!) 사방으로 날아갔다. 그 자리에 있던 나는 도대체 무슨 일이 벌어진 건지 영문을 알 수 없었다. 무도회는 홀연히 끝나버렸다.

내가 본 무도회는 생물학자들이 말하는 '집단 구애 행동(Lek Mating)'으로, 수컷들이 단체로 경쟁하며 암컷에게 구애를 하는 것이었다. 비단 극락조뿐만 아니라 우리 인류도 유사한 행위를 한다. 번화한 타이베이 동부 지역 클럽에서 여럿이 함께 추는 춤과 빈(Wien) 상류 계층의 사교댄스에서부터 오스트로네시아인의 풍년제에 이르기까지 이는 모두 생물학적 · 문화적 의미를 겸비한 짝짓기 경연대회라 할 수 있다.

가이드는 내게 극락조의 무도회가 끝나는 방식이 매번 똑같다고 이야기해주었다(그러므로 내 잘못이 아니다). 원한다면 당일 오후 5시에 같은 장소로 돌아오면 똑같은 장면을 볼 수 있다고 했다(물론 별도의 요금을 지불해야 한다). 다음 날 아침과 저녁, 그리고 앞으로도 매일 같이 극락조들은 같은 나무에서 만나 춤사위를 벌인 다음 일제히 지저귀며 뿔뿔이 흩어질 것이었다.

실제 극락조와 지폐에 인쇄된 극락조의 모습

과거 앨프리드 러셀 월리스(Alfred Russel Wallace, 1823-1913)[5]도 아루제도(Aru Islands)에서 동일한 광경을 보고 기록했다. 나와 다른 점은 1862년 런던으로 돌아갈 때 월리스의 여행 가방 속에 작은 극락조 두 마리가 있었다는 것이다. 불운한 새 두 마리는 줄곧 쌀알과 바나나, 빵 속의 곤충과 바퀴벌레를 먹으며 가까스로 영국에 도착했다. 이 새들이 런던동물협회에 건네졌을 때 사람들은 모두 월리스에게 최고의 예우를 갖출 수밖에 없었다. 어쨌든 그가 데려오기 전까지 살아있는 극락조를 본 유럽 사람은 아무도 없었기 때문이다.

그보다 앞선 1522년에는 마젤란(Ferdinand Magellan)의 세계일주 함대가 유럽으로 돌아왔을 때 선원들이 극락조를 가져와 높은 가격에 판매했다. 유럽 사람들은 극락조의 화려하고 다채로운 깃털과 '다리가 없다는' 기괴한 사실에 깜짝 놀랐다. 사람들이 선원에게 이 새는 왜 다리가 없느냐고 묻자 선원은 말레이 상인이 해준 이야기를 열심히 전했다.

즉, 이 신성한 동물은 극락의 가장 낮은 곳에서 살기 때문에 원래는 날개도 필요 없고 다리도 없다, 더욱이 육지에 머물 필요가 없어서 마치 구름송이처럼 우아하고 아름답게 천지 사이를 떠돈다, 그리고 극락조는 사냥으로 포획할 수 없다고, 천명이 다해 낙엽처럼 땅에 떨어져 죽음을 맞이한 다음에야 사람들이 비로소 밀림에서 주울 수 있다고 거듭 강조했다.

이처럼 꼬리에 꼬리를 물고 퍼져나가는 기이한 전설 때문에 극락

5. 영국의 박물학자이자 진화론자.

조에는 'Paradisaea apoda'라는 학명이 붙었다. 'apoda'는 그리스어로 '다리가 없다'는 뜻이다. 참고로 88가지 별자리 중에서 남반구의 별자리인 '극락조자리'(Apus, 이 또한 '다리가 없다'는 뜻으로 그리스 학명을 로마자로 표현한 것이다)는 뉴기니섬에 서식하는 극락조를 가리키는 것이다.

영국 런던린넨학회(Linnean Society of London)[6]의 통계에 따르면 전 세계에는 42종의 극락조가 존재한다. 월리스는 《말레이제도》에 총 다섯 종류의 극락조를 기록했다. 나는 야외에서 세 종류를 직접 본 적이 있고, 훗날 발리섬의 조류 공원에서 또 다른 한 종류를 보았다. 보석처럼 빛나는 깃털을 지닌 왕극락조(Cicinnurus regius)부터 보존지구에서 흔히 볼 수 있는 '붉은 깃털 극락조', 즉 라기아나 극락조(Paradisaea raggiana)에 이르기까지 모든 종류의 극락조는 다른 조류에 비할 수 없을 정도로 눈부시게 빛났다. 그리고 즉흥적이고 화려한 춤으로 사람들의 눈을 매혹시켰다.

신비로운 존재감과 더불어 신화나 전설 속에서도 한자리를 차지하고 있는 만큼 극락조는 당연히 지폐의 도안으로 빠뜨릴 수 없는 존재다. 1975년 오스트레일리아로부터 독립한 파푸아뉴기니의 국기와 휘장에서는 모두 라기아나 극락조의 모습을 찾아볼 수 있다. 또한 매년 파푸아뉴기니의 다양한 원주민을 한데 불러 모으는 축제로 50년 이상 개최된 '고로카 쇼(Goroka Show)'에서는 수많은 원주민이 화려하게 나부끼는 깃털 장식품을 머리에 쓴 모습을 볼 수 있

6. 분류학, 박물학의 연구와 보급을 목적으로 하는 학술기관.

고로카 쇼에 참가한 원주민이 화려한 깃털 장식품을 머리에 쓰고 있는 모습. 이 장식품에는 극락조의 날개덮깃과 꽁지 깃털이 사용되었다.

는데, 장식품에 사용되는 깃털은 대부분 파푸아뉴기니에 서식하는 다양한 종류의 극락조 날개덮깃과 꽁지 깃털이다.

파푸아뉴기니 지폐의 앞면에 등장하는 새도 바로 라기아나 극락조다. 2007년 이전에 발행된 지폐에서는 전면을 차지하고 있지만, 2008년 이후에는 크기가 축소되어 왼쪽 상단에 자리하게 되었다. 어느 부분에 위치하든 극락조의 기세등등한 자태는 변함없이 파푸아뉴기니 지폐의 주제라 할 수 있다.

파푸아뉴기니와 이웃한 인도네시아에서도 지폐에 극락조를 사용하는 경우가 적지 않다. 인도네시아 군도의 가장 동쪽에 위치한 파푸아 주와 이리안자야는 1945년부터 1962년까지 '네덜란드령 뉴기니(Netherlands New Guinea)'였다. 이 지역에서 1950년대에 유통된 지폐에는 네덜란드의 율리아나 여왕과 함께 극락조가 사용되었다. 그러나 지폐의 빈약한 구도는 마치 세력이 기울어가는 왕국의 몰락을 암시하는 듯하다.

- 위, 중앙 - 파푸아뉴기니의 지폐. 극락조를 주요 도안으로 사용했다.
- 아래 - 네덜란드령 뉴기니 시대에도 극락조를 도안으로 한 지폐가 발행되었다.

5
5
10
25
50
100
100

1959년 인도네시아에서 발행한 화조 시리즈는
최초로 정치적 틀에서 벗어나 오로지 생태만을 주제로 한 법정 화폐다.
그림과 인쇄 방식 모두 뛰어난 지폐다.

가장 큰 사랑을 받은 지폐는 1959년 영국의 토머스 데라루(Thomas de la Rue) 사(社)가 제작하고 인도네시아 국가은행이 발행한 화조(花鳥) 시리즈다. 앞면에는 자바 전통 무늬가 새겨져 있으며, 독일의 생물학자이자 화가인 마리아 지빌라 메리안(Maria Sibylla Merian, 1647-1717) 특유의 세밀한 식물 묘사 기법을 계승한 지폐다. 심플한 채색만으로 식물의 존재감을 부각시켰고 자연의 평온한 분위기가 가득하다.

뒷면에는 태양조(5루피아), 분홍관앵무(10루피아), 대백로(25루피아), 흰배바다수리(50루피아), 코뿔새(100루피아), 자바야계(500루피아)와 왕극락조(1,000루피아)가 등장하는데, 정치적 제약과 역사적 영향에서 벗어나 존 제임스 오듀본(John James Audubon)의 저서 《미국의 새(Birds of America)》처럼 도감 스타일의 생동적인 터치로 생명의 약동감을 묘사했다.

이 지폐는 최초로 오로지 생태만을 주제로 한 법정 화폐일 뿐만 아니라 정교한 오목판 인쇄 기술만을 감상하기에도 충분히 뛰어난 작품이다.

여기서 한 가지 언급할 필요가 있는 점은 19세기에는 장식품을 만드는 데 깃털을 사용하는 일이 매우 유행했다는 것이다. 모자, 브로치, 머리 장식품 등에 모두 깃털이 사용되었다. 전해지는 바로는 침몰한 타이타닉호에 실린 물건 중 최고액 보험에 가입되어 있던 것은 바로 진기한 조류의 깃털 40상자였다고 한다. 이보다 가치가 높은 물건은 오로지 다이아몬드뿐이었다.

바로 이러한 이유로 깃털을 구하기 위한 사냥이 대규모로 이루어

• 위 – 트리니다드 토바고 공화국이 발행한 100달러 지폐.
• 아래 – 인도네시아에서 발행한 20,000루피아 지폐.
두 지폐에서 모두 극락조의 형상을 살펴볼 수 있다.

졌고, 그 결과 극락조는 한때 멸종 위기에 임박한 적이 있었다. 그러자 영국 하원 의장 윌리엄 잉그램 경(Sir William Ingram)은 1909년부터 1912년까지 인도네시아, 파푸아뉴기니, 오스트레일리아 북부에서만 서식하는 왕극락조를 트리니다드섬에 들여와 번식을 시도했다. 그리하여 오늘날 우리는 트리니다드 토바고 공화국이 발행하는 100달러 지폐에서도 왕극락조를 볼 수 있다.

아이러니하게도 전 세계인이 아시아와 오스트레일리아에 서식하는 극락조를 보호하고 번식시키려 했을 때 카리브해의 트리니다드 섬사람들은 극락조를 마구 포획하고 죽이기 시작했다. 결국 왕극락조는 1966년 이후 서인도제도에서 자취를 감추었다.

인도네시아에서 나는 20,000루피아 지폐(상단에 왕극락조가 자리하고 있다)로 매표소에서 값비싼 입장권을 구매한 뒤 거대한 새장이나 다름없는 조류 공원에서 월리스가 기록했던 극락조를 관찰했다. 그러나 그토록 감동적인 유혹의 춤을 이곳에서는 절대 감상할 수 없다는 사실을 알고 있었다. 깊숙한 밀림으로 들어가야만 비로소 대자연의 아름다운 구애의식을 볼 수 있는 것이다.

World history of banknotes

5
몽골

초원 제국의 눈부신 상상력

Mongolia

1993년 몽골에서 발행한 5,000투그릭 지폐의 앞면 일부

너무나도 가증스러운 타타르인. 그들은 횃불, 높은 사다리, 방망이를 이용해 우리의 성을 하나씩 공격해나갔다. 그들은 성모승천대성당 안에서 공주를 포로로 잡고, 공주와 다른 귀족 부인들을 베어 죽였다. 주교와 수도사들은 산 채로 성당에서 화형당했고, 어떤 사람들은 길거리에서 화살에 맞아 죽었고, 많은 사람이 강에 뛰어들어 익사했다. 타타르인은 우리의 신성한 도시에 불을 지르며 모든 아름다움을 파괴하고 재물을 약탈했다. 무고한 생명의 선혈이 제단에 뿌려졌다. 살아난 사람은 아무도 없었다. 부모는 그들의 아이를 애도할 수 없었고, 아이들도 부모를 애도할 수 없었다. 모든 사람이 죽었기 때문이다. 모두들 같은 고통을 맛보았다.
-《키예프 대공국 편년사》

몽골 중북부에 위치한 에르데네산트(Erdenesant)에서 서쪽을 향해 가는 길. 며칠이 지나도 모래만 펼쳐졌다. 바람이 불어와 풀을 어루만지고 소와 양이 노니는 초원의 정취가 마음에 가득한데, 눈앞에 보이는 건 인적 없는 황야뿐이었다.

털모자를 쓴 택시기사가 나에게 말했다. "요 몇 년간 풀이 잘 자라지 않아요. 노인들은 여전히 도시에서 떨어진 곳에 살기를 고집하고, 대다수의 젊은이들은 일찍이 대도시로 나가 생계를 꾸리고 있지요."

나는 차창 밖에 펼쳐진 지평선의 끝자락과 흰 눈을 바라보며 넋이 나간 듯 말을 잃었다. 젊은이들이 도시로 떠나간 이유를 알 것 같았다. 도시에는 향락이 있고, 번화하고 방탕한 생활을 누리며 호화롭게 살 수 있기 때문이었다.

대초원은 그들에게 즐거움과 자극을 주지 못했다. 끝없이 펼쳐진 황야는 신세대에게 낙후되고 무료한 곳일 뿐이었다. 반면 그들의 바로 윗세대는 도시로 이주해 아파트에 단체로 살고 있으면서도 폭신한 침대에서 잠들지 못하고 갑갑한 환경을 참지 못해 결국 마당이나 공터에 가죽 텐트를 치기 시작했다고 한다.

생각에 잠겨 있던 그때, 멀리서 산발적으로 반짝이는 파오[7], 그리고 위구르어와 키릴 문자가 뒤섞인 도로 표지가 다시금 나를 일깨워주었다. "여기는 내몽골이 아닌 진짜 몽골이다."

한참을 달리니 모래 황야의 끄트머리에 갑자기 푸른 들판이 나타나기 시작했다. 그러자 장거리 여행의 피곤함이 순식간에 날아갔다. 초원의 정중앙에는 에르덴 조 사원(Erdene Zuu Monastery)의 갈색 벽과 흰 탑이 햇살을 받아 반짝이고 있었다. 눈앞의 이 초라한 유적은 700여 년 전 로마 교황청의 특사와 페르시아의 거상들, 남송(南宋)의 수도 임안(臨安)의 외교사절, 델리 술탄 왕조의 조공 대표가 모여들던 곳이다. 이곳에서는 초승달이 걸린 이슬람 사원, 성화가 불타는 조로아스터교 사당, 금빛과 푸른색의 불교 사원, 반짝이는 동방정교 교회 그리고 오늘날 종적을 감춘 이교도의 전당 등이 조화롭게 자리했었고, 각기 다른 신앙을 가진 사람들이 귀속감을 찾을 수 있었다.

---

7. 몽골인과 북방 유목민이 예부터 사용해온 원형설계의 조립가옥.

몽골제국 시대의 통치 영역은 오늘날 그 어떤 나라보다도 넓다. 동쪽으로는 임진강변의 고려 개경에서부터 서쪽으로는 드네프르(Dnieper)강가의 키예프 대공국까지, 남쪽으로는 메소포타미아의 바그다드에서부터 북쪽으로는 시베리아 벌판에 이르는 영역이었다. 문치무공(文治武功)이 왕성했던 13세기에는 세계 대륙의 5분의 1을 차지하고 전 세계 인구의 4분의 1을 호령했다. 이 시기에 카라코룸(Karakorum)은 몽골제국의 수도이자 세계의 수도였다.

우선 13세기로 돌아가 보자. 칭기즈 칸은 서하(西夏)를 정벌하는 도중 육반산(六盤山)[8]에서 병사했다. 임종 전 그는 셋째 아들 오고타이에게 칸 지위를 물려주었다. 대몽골제국을 이어받은 오고타이는 변경의 병력을 강화하고 최단 기간에 유라시아 대륙을 가로지르는 제국을 건립했다. 그리고 아바르가(Avarga)에서 카라코룸으로 천도했다. 최초로 몽골 궁정을 방문한 유럽 사절단의 플라노 카르피니(Giovanni de Piano Carpini)는 카라코룸에 대해 다음과 같이 말했다.

"카라코룸은 어느 곳과도 견줄 수 없다. 의문의 여지없이 세계 최대의 도시다."

카라코룸의 웅장함은 오늘날 무너진 담만 남아 있기 때문에 후대 사람들은 상상만 할 수 있을 뿐이다. 《몽고비사》, 《원사(元史)》, 《신원사(新元史)》에 기록이 남아 있기는 하지만 그다지 풍부하게 묘사되어 있지는 않다. 그나마 다행인 것은 당시 서양에서 카라코룸을 방문했던 사절단과 전도사들이 그들의 풍부하고 다채로운 문자로

8. 현재 중국 간쑤성 칭수이현에 위치한 산.

거대한 사막에 위치한 고도의 화려한 모습을 묘사했다는 점이다. 그중에서도 《뤼브뤼키의 동유기》에 가장 상세하게 묘사되어 있는데, 이는 후대 사람들에게 깊은 인상을 주었다.

> 제국의 수도는 사방이 높은 성벽으로 둘러싸여 있다. 성벽의 돌출된 부분에는 채색한 그림과 비단이 장식되어 있으며, 칸 궁전의 황금 기와는 똑바로 쳐다볼 수 없을 정도로 비범한 광채를 내뿜는다. 다른 피부색, 다른 언어, 심지어 서로 적대하는 종교도 이곳에서는 모두 조화롭게 지낸다.

뤼브뤼키의 글을 통해 우리는 카라코룸이 오늘날의 뉴욕 혹은 도쿄와 비견될 수 있음을 알 수 있다.

사막 북쪽에 위치한 대도시의 모든 것은 서른두 살의 선교사에게 매력적으로 다가왔다. 루이9세의 명을 받아 몽골제국에 특사로 파견된 뤼브뤼키는 "바그다드에서 온 보석상이 가죽 자루 하나를 꺼내 쏟자 보석이 나왔는데 마치 밤하늘에 반짝이는 별들이 인간 세상에 떨어진 것 같았다. ……보석들의 농염한 색채는 유럽의 어떤 왕관보다 대단했다."라고 묘사하기도 했다. 또한 그의 글을 통해 우리는 다마스쿠스 출신의 대장장이 모습도 엿볼 수 있는데, 그는 "3개

에르덴 조 사원.
몽골제국의 수도이자 13세기 세계 제일의 도시
카라코룸에 자리했다.

월 동안 쇠망치로 두드려가며 형태를 완성시킨 예리한 칼로 장인은 자신 있게 시범을 보였다. 가볍게 휘날리며 떨어지는 벨벳은 칼끝만 닿아도 두 동강이 났다."라고 이야기했다.

그러나 뤼브뤼키가 몽골제국에 대해 남긴 기록 중 가장 흥미로운 것은 단연코 칸 궁정 안에 위치한 실버트리(Silver Tree)였다.

> 가죽 부대에 젖이나 술을 담아서 궁에 들어가는 것은 예의에 어긋난 행동이었다. 그래서 칸은 프랑스 파리에서 온 기욤이라는 건축가에게 궁전 입구에 거대한 실버트리를 만들게 했다. 실버트리의 줄기, 잎사귀와 과실은 은과 보석으로 만들어졌다. 실버트리 주위에는 말 젖을 내뿜는 은사자 네 마리가 있고, 줄기에는 네 개의 관이 나무 꼭대기까지 뻗어있는데, 관 끝에는 도금한 뱀 네 마리가 꼬리로 나무줄기를 둘둘 감고 있다. 뱀의 입에서는 각각 포도주, 미주(米酒), 마유주, 벌꿀주가 뿜어져 나왔다.

뤼브뤼키에 따르면 이 술과 젖은 모두 궁중 연회에 참석하는 칸과 군신들이 마시기 위해 제공되는 것이었고, 은그릇을 든 하인이 실버트리 곁에서 수시로 대기하며 은사자와 금뱀의 입에서 쏟아져 나오는 음료를 받았다. 실버트리 꼭대기에는 손에 나팔을 든 황금천사가 우뚝 솟아 있는데 천사의 나팔에는 실버트리의 지하 밀실로

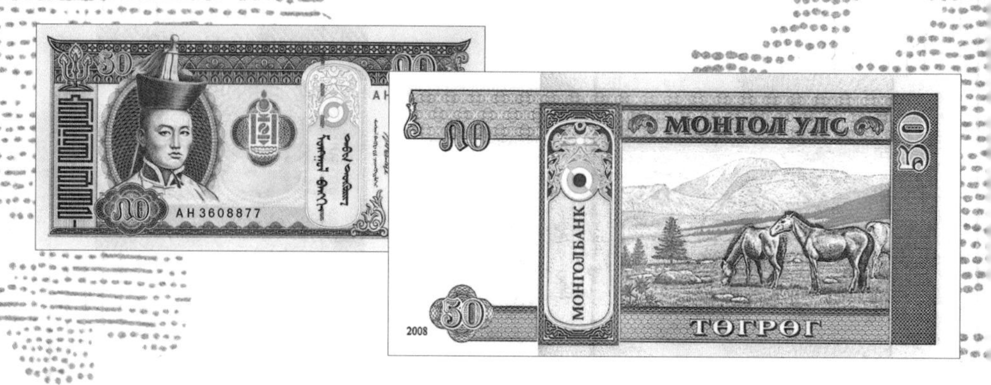

- 위 – 1993년 몽골이 발행한 50투그릭 지폐. 뒷면은 항애산 기슭의 고요한 초원 풍경이다.
- 가운데 – 1,000투그릭 지폐. 뒷면에는 오고타이의 이동 궁전이 그려져 있다.
- 아래 및 오른쪽 – 5,000투그릭과 10,000투그릭에는 전설적인 실버트리가 묘사되어 있다.

МОНГОЛ УЛС
МОНГОЛБАНК
ТӨГРӨГ
10000

직통하는 관이 설치되어 있었다. 지하 밀실에서 일하는 관리원은 연회가 진행될 때 수시로 음료의 수위를 살피고 음료의 양이 부족하면 관에 바람을 불어넣었다. 그러면 천사의 나팔이 맑은 소리를 냈다. 궁 밖에서 명령을 기다리던 하인들은 나팔 소리를 듣고 지하의 술 저장실과 창고에서 더 많은 음료를 운반해와 술 탱크에 부어 분수가 넉넉하도록 유지했다.

후대에 깊은 영향을 끼친 극동 기행문, 특히 실버트리에 대한 다채로운 묘사로 화려한 동양에 대한 서양 사람들의 상상력을 자극했던 뤼브뤼키의 여행기는 마르코 폴로보다 반세기나 앞선 것이었다.

후대 사람들은 뤼브뤼키의 기록을 바탕으로 거대한 사막 초원에 존재했던 기이한 광경을 다양한 도안으로 재현했다. 특히 1993년 이후 발행된 투그릭(Tögrög) 지폐는 대몽골제국의 화려한 과거를 하나하나 재현하고 있다.

500투그릭 및 1,000투그릭에는 《몽고비사》에도 기록된 적 있는 호화로운 장면이 담겨 있다. 서른 마리가 넘는 소가 화려하고 묵직한 황금 수레를 끌고 있는데, 이는 오고타이가 사용했던 이동 궁전이다. 훗날 귀위크와 쿠빌라이가 각각 칸 지위를 쟁탈하기 위한 전쟁을 벌인 후 황금 수레는 문헌에서 사라졌다.

5,000투그릭 및 10,000투그릭 지폐 뒷면에는 칸의 궁전 앞에 설치된 실버트리가 그려져 있다. 지극히 사치스러운 실버트리는 호쾌하고 손님을 대접하기 좋아하는 유목 민족의 특색을 보여준다. 물론 우리는 이를 실제로 볼 수 없다. 지폐의 도안으로 사용된 실버트리는 18세기에 네덜란드인이 뤼브뤼키의 기록을 바탕으로 묘사한

실버트리의 현재 모습

것이다. 상상이 대부분을 차지하는 이 그림은 동양의 화려함과 서양의 아이디어가 결합된 작품이라고 할 수 있다.

나는 훗날 재건된 실버트리 앞에 섰다. 울란바토르의 거대한 칭기즈칸 기마상과 비교했을 때 실버트리의 색채나 조형은 조잡하기 그지없었다. 과거의 늠름하고 호탕했던 영광은 옹색하게 변해버렸다. 그래서 생각건대, 때로 어떤 사람이나 사물은 과거로 남겨두는 편이 아름다운 것 같다.

World history of banknotes

6
일본

덧없이 흐르는 세월 속
꿈같은 번영

Japan

현재 일본이 발행하는 5,000엔 지폐의 뒷면 일부

일본
Japan

World history
of banknotes

희미한 사랑, 열렬한 사랑……, 모든 감정은 형태를 불문하고 차례대로 다가왔다. 분명 이 모든 것은 우리가 걸어온 흔적일 테니!
- 무라사키 시키부, 《겐지모노가타리》[9]

꽃다운 세월은 덧없이 흐르고, 우리에게 익숙한 세상은 더 이상 돌아올 수 없는 시간 속으로 조금씩 사라져간다. 그나마 다행인 것은 예술이 금방 사라져버리는 아름다운 순간을 포착해준다는 점이다. 삶의 진실한 감정을 대신 남겨주고, 평범한 일상 속에서 소홀해지기 쉬운 미묘한 감정을 전달한다.

와인색, 자홍색, 빨간색, 연분홍색, 심홍색, 진홍색……. 진달래는 마치 들판에 불이 붙기라도 한 것처럼 여기저기서 피어올랐다. 나는 꽃잎이 가득 떨어진 길을 밟으며 한 걸음씩 위로 올라갔다. 그

9. 헤이안 시대의 궁중 생활을 묘사한 장편소설로, 일본 최고의 걸작으로 평가받는다.

러자 미무로토지의 입구가 눈앞에 나타났다.

교토 남쪽에 위치한 우지의 미무로토지는 '꽃의 사원'으로 유명하다. '마치 붉은 구름처럼 하늘을 뒤덮은' 봄날의 산 벚꽃, '신선이 거하는 곳에 있던 걸 옮겨 심은 것 같은' 여름의 자양화, '서리를 맞았음에도 봄꽃보다 더 붉고 아름다운' 늦가을의 단풍, '메마르고 서늘한 새벽에 천 리를 비추는' 겨울의 차가운 달빛. 시인들이 감흥을 토로한 풍아한 문체 속 미무로토지는 은은한 정취가 묻어나는 곳이다.

5,000엔 지폐 뒷면의 도안은 제비붓꽃이다.

미무로토지에 가면 계절감을 충분히 만끽하는 것 외에도 '우지 쥬죠[10] · 우키후네[11]'라고 적힌 고슈인[12]을 받는 걸 잊어서는 안 된다. 단순히 흘려 쓴 듯하지만, 글자의 배후에는 성공적인 연애와 천년의 번영이 숨어 있다.

우지 미무로토지의 '우지 쥬죠 · 우키후네' 고슈인. 일본만의 부드러움과 세련된 품격이 느껴진다.

교토의 박물관에서는 언제든

지 고서(古書)나 종이에 쓰인 서예 작품을 볼 수 있다. 중국 송(宋), 명(明), 청(淸) 시대의 단정하고 엄격하며 또박또박한 해서체와 달리, 일본 고전문학에는 거의 대부분 부드럽고 세련되며 고도로 여성적인 초서체가 등장한다. 서적을 간행하는 사람들은 비록 중국처럼 정교하지는 못해도 또 다른 아름다움이 느껴지는 장정을 만들어냈다.

일본 고유의 서예법 '류기'는 헤이안 시대(784-1192)의 귀족 문화와 밀접한 관련이 있다. 당시 권력을 장악했던 후지와라는 조정에서 가장 기세 높은 정치 가문이었다. 후지와라 가문은 야마토 조정 때부터 약 3세기에 걸쳐 일본의 정치, 문화, 경제, 종교에 영향을

일본 각지의 사원과 신사의 고슈인. 쿠게 문화의 깊은 영향을 받았다.

---

10. 《겐지모노가타리》 중 우지를 배경으로 한 제10권.
11. 《겐지모노가타리》의 등장인물.
12. 전국 시대 이후 무사들이 문서에 찍은 도장.

끼쳤다. 당시 '쿠게'[13]라 불리던 후지와라 가문에는 수많은 분파가 존재했는데 '레이제이케', '지묘인케', '니조케', '쿠조케' 등의 분파는 각기 교토의 지방에 거주하며 명성을 떨쳤다.

훗날 무사 세력이 대두하자 쿠게는 어쩔 수 없이 지위를 잃었고, 입에 풀칠하기 위해 시가와 서도를 전수하기 시작했다. 정치적인 출셋길이 막히자 그들은 오히려 섬세하고 비범한 '쿠게 문화'를 전개해나갔고, 이는 훗날 무사 세력이 집권한 막부 시대에 빛을 발했다. 레이제이케 분파는 가도(歌道)와 서도(書道)를, 후지와라 혹케 분파는 일본 고유의 정형시인 와카를, 와시노오케 분파는 신에게 제사를 지낼 때 하는 가무(歌舞)인 가구라를, 후시미인케 분파는 황실 서법과 심지어 '와비사비'[14]의 다도(茶道)를 강구하기에 이르렀다. 교토에 있는 사찰 산젠인과 일본 황족의 별장인 가쓰라리큐의 야외 다실을 비롯해 일본 각지의 사원과 신사의 고슈인에서는 쿠게 문화의 깊은 영향력을 살펴볼 수 있다.

쿠게 문화가 처음으로 꽃을 피우기 시작한 건 11세기. 이야기의 무대는 번화한 헤이안쿄[15]다. 당시 궁정에는 스타일이 전혀 다른 여성 작가 두 명이 출현했다. 한 사람은 《마쿠라노소시》를 쓴 세이쇼나곤이고, 또 다른 이는 《겐지모노가타리》를 쓴 무라사키 시키부다.

고관 명문가 출신의 무라사키 시키부는 원래 성이 후지와라로,

---

13. 조정에서 관직을 맡은 가문.
14. 일본의 미의식 중 하나로 일반적으로 소박하고 정적인 것을 가리킨다.
15. 교토의 다른 이름. 당시 일본의 수도.

부친 후지와라노 다메토키와 형제 후지와라노 노부노리가 '시키부노죠'라는 관직(오늘날의 교육부 장관에 상당함)을 맡게 되면서 당시 사람들은 그녀를 '후지 시키부'라고 불렀다. 그러다 훗날 《겐지모노가타리》의 여주인공 '무라사키 노우에'가 큰 인기를 얻자 후지 시키부는 '무라사키 시키부'로 불리게 되었다.

사람들이 《겐지모노가타리》를 좋아하는 이유는 저마다 다르다. 다만 문학적 성취도로 볼 때 《겐지모노가타리》의 웅장함은 톨스토이의 《전쟁과 평화》, 프루스트의 《잃어버린 시간을 찾아서》에 버금간다고 할 수 있다. 《겐지모노가타리》는 일그러진 감정 속에서 세상과 자아에 새로운 정의를 내리려 시도한다.

나는 개인적으로 《겐지모노가타리》에 등장하는 인물의 일거수일

《겐지모노가타리》 제44권 '다케가와'

《겐지모노가타리》 제 49권 '야도리기'

투족과 눈살을 찌푸리며 웃는 모습 등의 세밀한 감정 포착, 그리고 대자연에 대한 풍부한 감회를 좋아한다. 떨어지기 시작한 늦봄의 꽃잎, 밤하늘을 가르는 여름의 유성, 살얼음이 얼기 시작하는 늦가을, 엄동설한에 흩뿌리는 눈에 어지러워진 세상. 이는 모두 우리 내면의 슬픔을 자아내고, 무상한 세상에 대한 깨달음을 얻게 한다.

《겐지모노가타리》는 시간 축이 장장 70여 년에 달하고 4명의 천황과 440여 명의 인물이 등장한다. 그래서 소설의 길이가 놀랄 정도로 길지만, 훗날 가독성을 높이기 위해 우아하고 아름다운 도문을 삽입한 〈겐지모노가타리 에마키〉[16] 버전이 나와 다양한 독자층

16. 〈겐지모노가타리 에마키〉는 《겐지모노가타리》를 소재로 두루마리에 그린 그림을 의미한다. 여러 가지 버전이 존재하는데, 그중 '다카요시겐지'라고 불리는 작품은 국보로 지정되어 있다.

의 기호를 만족시켰다.

화가는 강렬하면서도 그윽한 색채로 인물의 형상을 두루마리에 정밀화로 그려냈다. 이러한 종류의 그림을 '사쿠에'라고 부르는데, 사쿠에는 귀족 여인들 사이에서 매우 환영받았다.

〈겐지모노가타리 에마키〉는 헤이안 시대 말기를 대표하는 예술 걸작으로, 도쿄의 고토 미술관과 나고야의 도쿠가와 미술관이 나누어 소장하고 있다.

소설에 비해 1세기 정도 늦게 등장한 〈겐지모노가타리 에마키〉는 고증에 따르면 전부 10권으로 추정된다. 《겐지모노가타리》 원작 총 54권을 각각 핵심적으로 묘사하는 작품이 1~3폭 등장하기 때문에 총 그림 수는 약 90폭 정도 된다. '즈에'와 '고토바가키'라는 두 가지 형식을 이용해 이야기를 더욱 깊이 있게 표현했다.

'즈에'는 헤이안 시대의 몽타주라 할 수 있는데 화면의 각도만 보아도 매우 매력적이다. '고토바가키'는 인물의 대화, 개인의 독백, 상황 서술 등 소설의 한 단락을 서법의 형식으로 표현한 것이다. 오랜 세월이 흐른 데다 재해나 전쟁을 겪은 탓에 〈겐지모노가타리 에마키〉에 실린 그림은 오늘날 19폭만이 전해지고 있다.

2000년 일본은 밀레니엄과 그해에 오키나와에서 거행된 G8 회담을 기념하기 위해 2,000엔 기념 지폐를 특별 발행했다. 다른 액면 지폐에 인물 초상이 들어간 것과 달리 2,000엔 지폐의 앞면에는 오키나와 수리성의 '슈레이몬'[17]이 인쇄되어 있고, 뒷면의 주제는

---

17. 수리성으로 들어가는 입구.

《겐지모노가타리》 제38권의 '스즈무시'다.

뒷면 왼쪽에는 용모가 단정한 레이제이 천황이 등장하고 그 맞은 편에는 소설의 주인공 히카루 겐지가 앉아 있다. 이야기의 배경은 8월 15일로, 겐지를 필두로 한 일행이 퇴위 후 은거하는 레이제이 천황을 방문해 밤을 새우며 시를 읊고, 노래를 부르고, 술을 마시며 이야기를 나누는 모습이다.

원작인 〈겐지모노가타리 에마키〉에서는 오른쪽 아래에 고관이 붉은 난간 옆에서 피리를 불며 노래하는 모습이 나온다. 그러나 2,000엔 지폐에서는 고상한 척 피리 부는 귀족 남자를 대신해 〈무라사키 시키부 일기 에마키〉에서 묘사한 무라사키 시키부가 등장한다.

한편 레이제이 천황과 히카루 겐지 밑으로는 후지와라노 고레후사[18]의 서예가 실려 있는데, 헤이안 시대의 고상하면서도 지적인 필체로 화려하면서도 마치 물과 구름이 흘러가듯 작위적이지 않은 글자와 행간이 돋보인다.

박물관에 가서 수려하고 고상한 일본식 서예를 감상할 기회를 갖기란 사실 쉽지 않다. 그러나 우리는 여행을 통해 기념으로 삼을 만큼 문화적 가치가 있는 고슈인과 지폐를 수집할 수 있다. 지폐 위의 빛나는 필치와 화려한 선을 감상할 때 일본 고전 문학과 에마키 예술은 분명 이전과는 다른 감동을 줄 것이다.

---

18. 헤이안 시대 중엽부터 말엽에 활동한 서예가.

2000년에 발행된 2,000엔 기념 지폐. 앞면의 도안은 '슈레이몬'이다.

• 위 – 2000년에 발행된 2,000엔 기념 지폐의 뒷면.

• 아래 – 2,000엔 지폐 뒷면 도안의 원작.

〈무라사키 시키부 일기 에마키〉에서 묘사한 헤이안 시대의 정치가 후지와라노 미치나가가 무라사키 시키부를 찾아간 장면.

2,000엔 지폐의 부분 클로즈업.

World history of banknotes

7
스페인 · 도미니카공화국 · 이탈리아 · 미국 · 프랑스 · 코스타리카

제국주의의 강렬한 흔적

Spain · Dominican Republic · Italy · United States of America · France · Costa Rica

1971년 이탈리아에서 발행한 5,000리라 지폐의 앞면 일부

스페인
Spain

도미니카공화국
Dominican Republic

이탈리아
Italy

미국
United States of America

프랑스
France

코스타리카
Costa Rica

World history
of banknotes

인생의 바다에서 가장 통쾌한 일은 자신이 정한 길을 가는 것이고, 가장 비참한 일은 고개를 돌려도 해안이 보이지 않는 것이다.
– 콜럼버스, 《항해일지》

적도의 태양이 작열하는 가운데 큰 비가 내린 오자마강(Rio Ozama)에는 흙과 풀 냄새가 가득했다. 이곳은 도미니카공화국의 수도 산토도밍고(Santo Domingo)다. 나는 강둑을 따라 산책하면서 동쪽을 바라보았다. 상상을 초월하는 거대한 회색 석벽이 마치 천궁의 토치카[19]처럼 멀지 않은 곳에 우뚝 서 있었다. 그 존재를 무시할 수 있는 사람은 분명 아무도 없을 것이다.

이 기괴하면서도 차가운 건축물은 어느 각도에서 보아도 깜짝 놀랄 만한 규모로 그 길이가 210미터, 높이가 59미터에 달한다. 이 건

---

19. 돌이나 콘크리트 등으로 견고하게 구축한 보루.

도미니카공화국 수도 산토도밍고에 위치한 '콜럼버스의 등대'. 흡사 천궁의 토치카 같다.

축물을 처음 보았을 때 나는 중세의 주교좌성당이라고 생각했다. 안으로 들어가 일직선으로 뻗은 긴 복도에 서면 중간의 축선이 건축물 전체를 관통하고 있고, 양측에는 비교적 짧은 날개 복도가 이어져 있다. 십자로 교차하는 중심에는 대리석, 청동, 이탈리아 도자기로 꾸며놓은 웅장한 제단이 있다. 그리고 가장 눈에 띄는 곳에 콜럼버스의 두개골이 담긴 황금관이 놓여 있다.

음침하고 좀처럼 호감을 느끼기 힘든 이 시멘트 괴물은 바로 '콜럼버스의 등대(Faro a Colon)'다. '등대'라 불리는 이유는 건축물 상부에 4000와트짜리 탐조등이 157개나 달려 있기 때문이다. 매일 밤 모든 탐조등은 하늘을 향해 빛을 발사한다. 이는 도시 전체를 빛의 장막으로 덮는다. 인접 국가인 푸에르토리코와 아이티에서도 천공의 거대한 십자가를 볼 수 있을 정도다.

19세기 이전의 역사가와 정치가는 대부분 콜럼버스를 '숭고하고 기개가 있으며, 사람들이 추억하고 감복할 만한 위대한 인물'이라고 생각했다. 이 열정적이면서도 변덕스러운 인물의 운명은 평생에 걸친 항해를 통해 위대한 개척을 이루는 것이었다.

누군가는 콜럼버스를 몽상가라 말한다. 콜럼버스는 항상 반짝이는 황금이 솟아나는 멀고 먼 약속의 땅을 상상했다. 누군가는 그를 기회주의자라고 말한다. 수박 겉핥기식의 지식만 지녔던 콜럼버스는 여러 나라를 돌아다니며 후원자를 찾았고, 위험충만한 항해를 위해 다양한 계획과 기회를 대담하게 만들어냈다.

누군가는 그를 광신도라고 이야기한다. 그는 《성경》과 자신의 뛰어난 역량을 믿으며 언젠가 자기 덕분에 예수 그리스도의 이름이 멀리 퍼질 것이라고 생각했다. 누군가는 그를 행운의 사나이라고 이야기한다. 콜럼버스 같은 사람이 존재하지 않았어도 세상은 여전히 잘 돌아갔을 것이며, 분명 또 다른 누군가가 그와는 다른 방법으로 새로운 세계를 열었을 것이라고 말이다.

이처럼 콜럼버스에 대한 평가가 모두 긍정적이지는 않지만 역사 교과서에서 그의 이름이 빠지는 법은 없다. 그는 어떤 각도에서 보아도 제국주의의 선구자였다. 또한 그가 개척한 새로운 세계의 문명에 고통과 죽음을 의미하는 존재였다.

신대륙 개척을 위해 콜럼버스는 아라곤의 페르난도2세(Fernando II de Aragón)와 카스티야의 이사벨(Isabel I de Castilla) 여왕을 몇 년에 걸쳐 끈질기게 설득했고, 심지어 공개적으로 항해의 성공을 호언장담하기도 했다. 어쩌면 그래서 그의 후원자들은 원하지도 않는

1957년 스페인이 발행한 1,000페세타. 앞면의 인물은 아라곤의 페르난도2세와 카스티야의 이사벨 여왕이다.

1945년 스페인이 발행한 5페세타. 뒷면에는 페르난도2세가 그라나다를 정복하는 장면이 묘사되어 있다.

데 불확실한 요소가 가득하고 비싼 비용이 드는 항해를 후원했는지도 모른다. 르네상스 시대였던 당시에 이는 오늘날 미국 항공우주국의 달 이주 계획만큼이나 불확실한 것이었다.

사실 우리는 페르난도2세와 이사벨 여왕의 걱정을 충분히 이해할 수 있다. 독실한 기독교 신자인 국왕과 여왕은 불과 몇 개월 전 그라나다에서 이슬람 정권을 몰아내고 이베리아 반도를 통일한 터였다. 처리해야 할 일이 산처럼 쌓여있는 데다 파산이라는 재정적 곤경에 맞닥뜨리고 있었다.

그 때문에 콜럼버스의 부탁을 세 차례나 거절했으나 결국 여왕은 자금을 쥐어짜 대서양을 횡단하는 항해를 후원했다. 황금과 향료의 나라로 가는 새로운 항로를 발견하기만 한다면 재정난 해결은 물론 천하를 호령할 수도 있었다.

1492년 4월 17일 페르난도2세와 이사벨 여왕은 산타페의 각서(Capitulations of Santa Fe)를 통해 콜럼버스와 협정을 맺었다. 만약 콜럼버스가 항해에 성공할 경우 그는 '세계 해군 장군'이라는 직위를 받고, 그가 발견한 모든 땅과 스페인 영토로 선포된 지역의 총독 및 통치자로 임명될 수 있었다. 또한 신대륙 어디서든지 추천권 및 임명권을 소유했다.

뿐만 아니라 신대륙에서 벌어들이는 총 세수의 10퍼센트를 개인적으로 수령할 수 있는 영구적인 권한이 주어졌고, 신대륙에서 이루어지는 상업적 투자의 8분의 1에 해당하는 주식과 수익의 우선권을 가졌다. 어떻게 보아도 투기로밖에는 생각되지 않는 계획에서 그는 유일한 승리자였다.

1492년 8월 3일 콜럼버스는 크라크 범선 산타마리아호(La Santa Maria)와 캐러벨 범선 라니냐호(La Niña), 라핀타호(La Pinta)를 이끌고 스페인의 팔로스항을 출발해 미지로의 항해를 시작했다.

평생 새로운 항로를 꿈꾸고 동경하며 용감하게 미지의 영역에 도전한 모험가였지만 콜럼버스의 《항해일지》를 살펴보면 초조함과 주저, 위험한 여행에 대한 회의가 많았음을 알 수 있다. 함대가 지도에 표시된 영역에서 벗어났을 때 선상에서는 의심과 배반이 꿈틀거리기 시작했다. 그 어떤 천재지변도 사람의 사악한 마음과 비교할 수는 없다. 콜럼버스는 재물로 선원들을 회유했고(예를 들어 제일 처음 대륙을 발견한 사람에게 고액의 상금을 준다는 등), 동시에 제각기 꿍꿍이를 품고 있는 지리멸렬한 원정대를 피비린내 나는 진압과 강한 권력으로 다스렸다.

며칠이고 망망대해가 계속되는 단조롭고 무료한 상황에서 그는 일지에 '우리는 오늘 계속 항해했다. 방향은 서남서였다.'라는 내용만 기록할 수밖에 없었다. 장장 5주에 이르는 항해의 유일한 목표는 전진이었다. 일지에 기록된 그의 유일한 심경 또한 '서남서 방향으로 나아가야 한다.'는 것이었다.

1492년 10월 12일 금요일 새벽 5시. 라핀타호의 선원 로드리고(Rodrigo de Triana)가 처음으로 육지를 발견했다. 라핀타호 선장 마르틴 알론소 핀손(Martín Alonso Pinzón)은 이 사실을 확인한 다음 포성을 울려 콜럼버스에게 알렸다. 하지만 콜럼버스는 훗날 스페인에 돌아가서 자신이 처음 육지의 불빛을 발견했다고 주장했다. 그리고 대륙을 처음 발견한 사람에게 돌아가는 상금을 가져갔다. 콜럼버스가 상륙한 지역은 오늘날 루케이언제도(Lucayan Archipelago)의 산살바도르(San Salvador)섬이었다.

콜럼버스는 남쪽으로 항해를 계속해 첫 번째 식민기지인 라 나비다드(La Navidad, 아이티공화국 국경 내)를 세웠다. 그러나 이곳은 1년 전 닥친 풍해로 원주민들의 생활이 파괴되어 폐허나 다름없었다. 이후 그는 동쪽으로 이동해 라 이사벨라(La Isabela, 도미니카공화국 국경 내)를 개간했다. 오늘날 그 유적지에는 공터와 간단한 기념비만이 남아 있다.

세계 화폐의 발행 품목과 수량을 살펴보면 국경을 초월해 지폐에 가장 많이 등장한 인물이 바로 콜럼버스와 라틴아메리카의 혁명가 시몬 볼리바르(Simón Bolívar, 1783-1830)다. 1874년 미국 퍼스트은행이 발행한 1달러 지폐의 앞면에는 콜럼버스와 조지 워싱턴의 초상화가 인쇄되어 있다. 미국은 콜럼버스를 남의 땅을 강제로 차지한 인물로 여기는 동시에 중남미에 대한 미국의 의도와 야심을 널리 선포하는 인물로 생각하는 듯하다.

프랑스 지폐에도 콜럼버스가 등장한 적이 있다. 1942년 프랑스령 해외 식민지 과들루프(Guadeloupe)에서 유통된 5프랑의 앞면에서 우리는 뜻밖에도 콜럼버스의 모습을 발견할 수 있다. 이는 19세기 프랑스의 일부 역사학자들이 콜럼버스를 프랑스 사람이라고 주장했기 때문이다.

콜럼버스에 관한 논쟁은 21세기가 된 오늘날에도 여전히 끊이지 않는다. 그러나 분명한 건 그의 모험사업이 가져온 발견과 변화를 경시할 수 없다는 점이다. 어쨌거나 콜럼버스는 글로벌 시대의 서

- 위 – 1945년 스페인이 발행한 5페세타. 앞면에는 산타페의 각서가 묘사되어 있다.
- 중앙 – 1992년 도미니카공화국이 발행한 500페소. 콜럼버스의 신대륙 발견 500주년을 기념한 지폐다.
- 아래 – 1971년 이탈리아가 발행한 5,000리라. 앞면의 인물은 콜럼버스고, 뒷면에는 콜럼버스가 이끈 세 척의 함대가 묘사되어 있다.

1) 1943년 스페인에서 발행한 1페세타. 뒷면은 콜럼버스가 신대륙에 상륙한 모습이다.
2) 1874년 미국이 발행한 1달러 지폐. 앞면의 인물은 조지 워싱턴이고, 왼쪽에는 콜럼버스가 신대륙을 발견한 모습이 그려져 있다.
3) 1942년 코스타리카에서 발행한 50콜론. 뒷면에는 1502년 콜럼버스가 오늘날 코스타리카의 까리아리에 도착한 모습이 묘사되어 있다.
4) 프랑스의 식민지 과들루프에서 1942년 발행한 5프랑. 콜럼버스의 얼굴이 그려져 있다.

막을 연 인물이다. 그가 가져온 충격과 혼란은 500여 년이 지난 오늘날까지 세계의 정세에 영향을 끼치고 있다.

땅거미가 드리우자 콜럼버스의 등대는 해가 다시 뜬 게 아닐까 싶을 정도로 환하게 빛나기 시작했다. 곧이어 다양한 곤충, 새, 박쥐가 빛의 장막에 모여 춤을 추었다. 현지 주민들은 익숙하기 때문에 더 이상 놀라지 않지만, 내 눈에는 정말로 기이하고 황당한 광경이어서 마치 초현실적 장면처럼 느껴졌다. 장엄하고 경건한 국가 기념관이 순식간에 암흑 속의 드라큘라 성처럼 변했다.

나는 문득 콜럼버스의 신대륙 발견 이후의 세계 흐름을 떠올렸다. 스스로 콜럼버스의 후계자라고 생각하는 열광적인 사람들은 전복, 혁명, 해방, 민주, 자유의 기치를 내걸고 식민지인들을 살육하는 흡혈귀가 되었다. 밤새 콜럼버스의 등대를 배회하는 박쥐처럼 신대륙의 상공에서 계속 기회를 엿보고 있었던 것이다.

그 결과 콜럼버스가 개척한 나라들은 오랜 기간 고통 속에 살아야 했고, 사실 지금도 벗어나지 못한 곳이 대부분이다. 빛의 향연을 보다가 나는 500여 년 전 바로 이곳에서 사라져간 원주민들이 떠올라 씁쓸한 마음으로 발길을 돌렸다.

World history of banknotes

8
페로제도

치명적 매력을 지닌 적막의 섬

Faroe Islands

2002년 페로제도에서 발행한 1,000페로크로나 지폐의 뒷면 일부

페로제도
Faroe Islands

World history
of banknotes

영국 북쪽 바다에는 이름 없는 작은 섬이 매우 많았다. 영국 북부 항구에서 출발하면 풍향이 적합할 경우 대략 이틀 밤낮이면 도착할 수 있었다. 순풍이 부는 여름날에는 작은 배를 노 저어 1박 2일 만에 섬에 도착하기도 했다.
- 9세기 아일랜드 수사 피델리스(Fidelis)

9세기 프랑크 왕국의 궁정 역사 편찬을 담당한 사학자 한 사람이 전대미문의 지리 백과사전 편찬에 착수했다. 그의 이름은 디쿠일(Dicuil)로, 전 세계의 책을 모두 읽었다고 허풍을 떠는 사람이었다. 당시 그는 '세상에서 가장 박학한 사람'으로 인정받았다.

디쿠일은 고대의 문헌을 상세히 읽고 연구해 아시아, 아프리카, 유럽 등의 관련 기록을 그러모은 다음, 일찍이 고대인들이 방문하고 명명했던 모든 지역을 조목조목 열거했다. 자신이 직접 가본 적이 있는 지역은 물론, 선교를 위해 돌아다닌 수사들을 방문해 거시적인 관점으로 중세에 이미 알려진 세계를 개괄해 기록하려 했다. 그렇게 해서 《세계 측량(De mensura orbis terrae)》이라는 제목의 시대를 뛰어넘는 걸작이 825년에 완성되었다. 오랜 세월 이어져 내려온 이 책은 여전히 참고할 만한 가치(혹은 오락적 가치)를 지니고 있다.

디쿠일이 찾아간 많은 사람 중 피델리스라는 이름의 아일랜드 수사가 있었다. 그는 디쿠일에게 영국 북쪽에 인적이 드문 제도(諸島)가 있다는 사실을 알려주었다. "섬과 섬 사이에는 복잡하고 비좁은 물길이 흐르며…… 섬에는 세상과 단절된 생활을 하는 수도자들이 살았다. 훗날 해적들이 수도사들을 모두 쫓아내거나 죽였다. …… 지금은 섬에 양들만 남아 있고, 각양각색의 이름 없는 섬이 자리하고 있다."

디쿠일은 이 이야기를 기록하면서 주석을 덧붙였다. "나는 지금껏 그 어떤 공문서나 기록에서도 이러한 제도가 있다는 사실을 본 적이 없다. 분명 80퍼센트는 거짓말일 것이다!"

북대서양에 위치한 페로제도. 극소수의 여행자만이 이 땅을 밟았다.

디쿠일은 실제로 세상에서 가장 똑똑한 사람도 아니었고, 세상의 모든 책을 읽은 것도 아니었다. 적어도 《성 브렌던 항해기(Navigatio Sancti Brendani Abbatis)》를 읽은 적이 없음은 분명했다.

대영박물관에서 처음 이 책을 보았을 때 내 마음에는 경외심과 감동이 밀려왔다. 전해지는 바에 따르면 6세기에 한 떠돌이 수도사가 아일랜드의 성 브렌던(Saint Brendan of Clonfert, 484-577)을 찾아와 북쪽 큰 바다 너머에 넓고 풍요로운 은혜의 땅이 있으니 이곳을 한번 방문해보는 것이 어떻겠느냐고 제안했다고 한다.

원양 항해를 위해서 성 브렌던은 열일곱 명의 수도사를 대동해 고무나무, 소가죽, 밀랍으로 원형 뗏목을 만들었다. 뗏목이 완성되자 아일랜드 서남부의 항구도시 밴트리(Bantry)를 출발해 북쪽을 향해 나아갔다. 그들은 섬을 한 군데씩 방문하면서 불가사의한 일을 수없이 경험했다. 얼어붙은 대해를 항해하면서 거대하고 투명한 수정 기둥이 수없이 떠다니는 광경을 목격하기도 했고, 조류만 서식하는 외딴 섬의 새들이 매일 소리 높여 노래하며 위대한 조물주를 찬미하는 모습도 보았다. 한번은 기이한 섬에 도착했는데 식사를 마친 다음에야 그곳이 섬이 아닌 거대한 고래의 등이었다는 사실을 깨닫기도 했다.

그런가 하면 갑자기 바다에서 거인이 나타나 성 브렌던의 배를 향해 암석을 던지기도 했다. 석탄처럼 새까만 돌섬을 방문했을 때는 땅을 직접 밟고 나서야 지면이 부드럽다는 사실을 깨닫기도 했다. 그러던 중 갑자기 땅이 벌어지더니 사나운 불길이 뿜어져 나와 성 브렌던의 동료를 단번에 삼켜버리기도 했다.

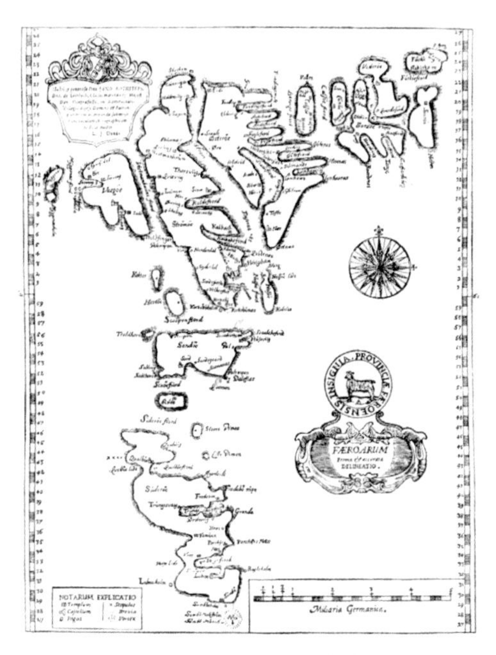

17세기 항해가가 측량한 페로제도의 지도

그러다 유월절을 전후로 한 가지 사건이 발생했다. 튼실한 양들이 가득한 섬에 도착한 성 브렌던 일행은 양을 몇 마리 잡아 식량으로 삼았다. 그리고 예수 그리스도의 고난을 기념하는 의식을 준비하기 시작했다. 이때 그들은 섬에 누군가 살고 있다는 사실을 알게 되었다. 바로 현지 주민들이었다. 현지 주민은 무교병과 빵을 가지고 와서 축복을 기원했고, 성 브렌던의 이어지는 항해에 정보를 제공했다.

후대 역사가들의 고증에 의하면 양으로 가득한 이 섬은 스코틀랜드와 아이슬란드 사이에 위치한 페로제도였다. 대략 천 년 전 덴마크인은 세상에서 고립된 열여덟 개의 바위섬이 열도를 형성하고 있

• 바다를 멀리 내다보면 깜짝 놀랄 만한 기세의 거대한 바위섬이 보인다. 마치 지구의 중심에서 바다를 뚫고 나온 검은 거인 같은 모습이다.

다는 사실을 발견했다. 덴마크어로 '페로제도(Færøerne)'의 'Fær'는 양을, 'øerne'는 '섬'을 의미한다. 중세의 바이킹조차 페로제도가 양이 가득한 천국이라는 사실을 잘 알고 있었다.

공중이나 해상에서 페로제도를 발견하기란 어렵지 않다. 북대서양 상공의 온난 습윤한 서남풍은 페로제도 상공에서 압축되어 놀랄 만한 양의 비를 뿌리는 적란운을 형성하므로 80킬로미터 떨어진 곳에서도 사람들은 섬의 존재를 뚜렷하게 판별할 수 있다.

나는 안개가 자욱한 어느 날 오후 페로제도에 도착했다. 배는 스트뢰뫼(Streymoy)[20]에 위치한 페로제도의 수도 토르샤븐(Tórshavn)에 정박했다. 배를 오르고 내리느라 15분쯤 시끌벅적하더니 이어서 진공 상태 같은 정적이 찾아왔다. 추위를 피해 차라도 한잔하고 싶을 정도로 바다에서는 매서운 바람이 불어왔다. 길거리에서 가옥에 이르기까지 토르샤븐항의 모든 것은 강렬한 적막감을 느끼게 했다. 나는 단번에 페로제도의 고집과 고독을 사랑하게 되었다.

비록 궁벽한 곳에 위치하고 인구가 희박하기는 해도 페로제도 사람들은 유럽 대륙을 한 수 아래로 보는 예술가 집단이었다. 이들은 광활하고 쓸쓸한 페로제도와 20세기에 깊은 영향을 끼친 예술사조를 긴밀하게 결합시켰다. 뭉크의 〈절규〉와 같은 표현주의(Expressionism), 미국에서도 매우 환영받는 미니멀리즘(Minimalism),

---

20. 페로제도에서 가장 크고 인구도 가장 많은 섬.

그리고 일상생활의 물건을 사용해 주제로 삼는 설치미술(Installation Art)과 개념미술(Conceptual Art)은 페로 예술가들이 특별히 사랑하는 표현 방식이다.

나는 페로제도의 예술가 중에서도 현지의 풍경을 그리는 데 뛰어났던 하이네센(Zacharias Heinesen)을 제일 좋아한다. 하이네센의 풍경화에는 강렬한 생동감과 몽롱한 아름다움이 넘친다. 또한 서양 회화의 제약을 대담하게 돌파해 시원하고 자유로운 필치로 페로제도의 빛과 어두움, 안개 낀 풍경을 깊이 있게 묘사했다. 하이네센의 작품에는 유화의 농후함과 수채화의 낭만이 동시에 존재한다.

2002년 페로제도의 화폐 페로크로나는 북유럽 전통의 복잡한 무늬를 배제하고, 페로제도의 안개 낀 분위기를 잘 드러낸 하이네센의 작품을 채택했다. 동양적인 발묵 기법이 자아내는 극적인 긴장감은 지폐라는 작은 캔버스에 북대서양 열도의 광활하고 적막한 모습을 선명하게 드러낸다.

50페로크로나의 뒷면은 페로제도 남쪽에 위치한 수에우로위(Suðuroy)섬의 숨바(Sumba) 지역을 묘사한 것으로, 육지와 바다가 교차하며 드러나는 험준한 느낌을 잘 살렸다.

100페로크로나에는 안개가 모락모락 피어나는 보르도이(Bordoy)섬의 클락스비크(Klaksvik) 광경이 실려 있다.

200페로크로나에는 보가르(Vágar)섬 부근의 틴호몰(Tindhólmur)이 묘사되어 있다. 성 브렌던은 당시 안개가 가득 낀 바다에서 틴호몰의 더할 나위 없이 높은 그림자를 보고 그것을 거인이라 생각해 질겁하기도 했다.

500페로크로나는 흐반나순(Hvannasund) 항구가 배경이다. 윤기 있고 우아한 검은색 잉크로 촌락의 모습을 무릉도원의 목가적인 분위기로 그려냈다.

액면가가 가장 높은 1,000페로크로나에는 산도이(Sandoy)섬의 평화로운 풍경이 담겨 있다.

하이네센은 지폐라는 한정된 공간에 인물을 배제하고 망망대해와 하늘, 육지만을 그렸다. 우리는 종교에 상관없이 깊고 고요한 자연에 들어가면 어느 순간 내면에 잠자고 있던 순수한 영혼을 일깨운다. 그리고 '영원'에 대해 무한한 존경과 흠모를 품는다.

나는 천 년 전의 성 브렌던 또한 대해를 표류하면서 분명 자연의 웅장함과 아름다움을 깊이 깨달았을 거라고 생각한다.

페로제도 보가르섬 부근의 틴호몰

FØROYAR
ÚTGIVIN SAMBÆRT GALDANDI LÓG
UM PENGASEÐLAR

2002년 발행한 페로크로나 지폐는
복잡한 전통 무늬를 배제하고
화가 하이네센의 작품을 뒷면 주제로 채택했다.
그의 작품은 페로제도의 빛과 어두움, 안개 낀 모습을 깊이 있게 묘사했다.

9
예멘

슬픔을 간직한 '사막의 맨해튼'

Yemen

1993년 예멘에서 발행한 100예맨리알 지폐의 뒷면 일부

예멘
Yemen

World history
of banknotes

예멘 여행은 지금껏 내가 한 그 어떤 여행보다도 힘들었다. 나의 무릎 연골은 제자리를 벗어나 마모되고 있음이 확실했다.
– 윌프레드 세시저, 《산등성이에서》

예멘은 약간 정신분열적인 경향이 있는 땅이다. 한편으로는 바다에 열렬한 기대를 가지고 있지만, 사람들에게 알려지지 않은 다른 한편으로는 전설과 미지가 충만하다. 마치 공황장애와 폐쇄공포가 내륙 사막에 혼재돼 있는 듯하다.

유사 이래 예멘에는 사실인지 거짓인지 분별할 수 없는 황당무계한 일들이 가득했다. 국왕의 생일축하연에서 수많은 노예가 서로를 잔인하게 살육한 일, 물 저장고를 파괴한 괴물 쥐, 바위 동굴에 사는 사람들이 밀랍에 담근 미라를 먼 나라의 술탄에게 건강식품이라고 판매한 일, 자신들만의 정책과 풍속, 언어를 가지고 살아가는 2천 개가 넘는 사막의 부락들, 물고기를 먹는 낙타와 피를 흘리는 나무,

씹으면 기분이 상쾌해지는 잎사귀, 《성경》의 사도가 쫓아내기 전까지 악귀가 숨어 있어 계속해서 화염과 독가스를 뿜어냈다는 고대 우물, 치마를 입고 구부러진 칼을 찬 남자……. 진짜인지 의심스럽지만, 모든 이야기가 위험하면서도 매력적이어서 한 번쯤 경험해보고 싶게 만든다.

내가 이 모든 이야기를 알게 된 건 예멘이 아니라, 인도 뭄바이에서 오만의 수도 무스카트로 가는 해상에서였다. 예멘에서 온 친구 하디는 잠자고, 샤워하고, 화장실 갈 때를 제외하고는 늘 흥미롭고 기괴한 이야기를 들려주었다. 그는 내가 지금껏 만나본 사람들 가운데 이야기를 가장 재미있게 하는 사람이었다.

배에서 내려 작별인사를 나누기 전 하디는 지폐 한 장을 꺼내더니 진지하게 말했다. "내 집이 바로 여깁니다. 수천 년의 역사를 지닌 곳이지요. 기회가 있으면 한번 와보세요." 하디가 준 50예멘리알 지폐를 뒤집어 뒷면을 자세히 살펴보니 아무리 봐도 현대적인 스타일로 보이는 간결하고 산뜻한 건축물이 그려져 있었다. 나는 속으로 생각했다. '거짓말이겠지!'

수년이 흘러 지식이 부족한 우물 안 개구리는 하디가 아닌 바로 나 자신이라는 사실이 증명되었다.

예멘의 수도 사나는 소박하면서도 우아하며 인정미가 넘치는 고대 도시였다. 현지인들은 항상 예언자 마호메트의 설법을 이야기했다. "인간에게는 세 개의 천당이 있다. 호라산의 메르브(Merv of Khurasan), 시리아의 다마스쿠스, 예멘의 사나. 그중에서도 사나는 천당 중의 천당이다."

《몽골비사》에는 메르브가 중세 실크로드에 위치한 도시 중 최대의 상업도시이며 100만 명이 넘는 인구가 살고 있다고 묘사돼 있다. 1220년 칭기즈칸의 막내아들 톨루이는 대군을 파견해 메르브를 포위했으나 불행히도 반년 후에 패배하고 말았다. 소수의 사람들이 다행히 화를 면하기는 했지만 전쟁 중에 메르브 사람들은 대부분 참혹하게 학살당했다. 그 결과 완전히 파괴된 메르브에는 모래바람 속에 황량하게 내버려진 모스크, 궁전, 성벽만이 남았고, 말로 표현할 수 없는 처량한 슬픔만이 가득했다.

나는 마호메트가 언급한 세 곳을 모두 가보았다. 그리고 한때 다마스쿠스의 옛 유적을 방문하는 데 푹 빠져 있었다. 그때 골목 안 찻집에서 현지인들에게 다마스쿠스의 모든 것에 대해 듣고 속속들이 알게 되었다. 사도 바울이 신앙에 귀의한 교회, 십자군에게 반격한 영웅 살라딘, 몰래 숨어서 활약한 아랍 민족운동의 원조자 토머스 로렌스(Thomas Lawrence), 큰 시장에서 배회하는 유령 등등. 모든 장소에는 그곳에만 속한 이야기가 있었고, 길모퉁이를 돌 때마다 오래된 역사와 만날 수 있었다. 그러나 다마스쿠스는 너무 넓었고, 조금만 부주의하면 인파 속에서 길을 잃고 나 자신을 찾을 수 없었다.

그래서 나는 마호메트의 말에 동의한다. 사나에는 메르브의 깨끗함과 다마스쿠스의 풍요로움이 있는 반면 처참함이나 우쭐거림은 없었다. 고대 도시로 번영한 사나에서는 떠들썩하게 말다툼하는 광경을 보기 힘들었다. 사나에 가보면 시간을 느긋하게 보내는 일이 더 이상 사치가 아니라는 사실을 알 수 있다. 냉차와 물담배로 모두가 게으른 오후를 보낸다. 사나는 분명 천당 중의 천당이었다.

예멘의 수도 사나. 로코코 양식으로 장식한 건축물이 최대의 특색이다.

1960년대부터 사나는 예멘에서 발행하는 지폐의 주제가 되었다. 새로운 지폐가 발행될 때마다 유일한 변화는 사나를 각기 다른 각도에서 관찰했다는 것뿐이다. 만약 이를 시간순으로 배열한다면 우타가와 히로시게[21] 의 우키요에[22] 〈에도백경〉[23]과 똑같을 것이다. 위에서 내려다본 각도, 한가롭게 거닐며 둘러본 각도에서 배경 분할에 이르기까지 모든 각도는 사나에 대한 예멘 사람들의 한결같은 애정을 잘 드러낸다.

---

21. 에도 시대 말기의 우키요에 화가.
22. 일본의 무로마치 시대부터 에도 시대 말기(14~19세기)까지 서민생활을 기조로 하여 제작된 회화의 한 양식.
23. 에도(현재의 도쿄)의 다양한 명소를 그린 풍경화.

- 위 – 1990년 발행한 20예맨리알.
- 아래 – 1993년 발행한 100예맨리알.
  뒷면에는 아름다운 예멘의 수도가 다양한 각도로 묘사되어 있다.

예멘의 수도 사나의 현재 모습

나는 특히 1990년에 발행된 20예맨리알과 1993년에 발행된 100예맨리알의 공중 조감을 좋아한다. 마치 전지전능한 조물주의 시각인 듯한 도안은 《아라비안나이트》에 나오는 신화의 단계까지 승격된 듯하다. 실제로 《아라비안나이트》에 등장하는 알라딘과 신드바드는 이 아름다운 도시를 방문한 적이 있다.

2011년 나는 세 번째로 예멘을 방문했다. 위대한 탐험가 윌프레드 세시저가 '낭만주의 시대 최후의 여행가'라고 칭한 프레야 스타크(Freya Stark)의 《아라비아 남쪽의 문(The Southern Gates of Arabia)》을 읽고 하드라마우트(Hadhramaut)의 신비한 사막 깊숙이 들어갔다. 이곳은 하디가 나에게 수많은 초자연 현상이 발생했다고 이야기해준 곳이기도 하다. 과학기술의 발전으로 해안선과 사막의 거리는 40시간 정도로 줄어들었고, 땅거미가 질 무렵 지평선과 어우러진 높은 건축물들의 윤곽이 보이기 시작했다. 나는 시밤이 가까워졌음을 알 수 있었다.

현대인들에게 시밤이라는 이름은 매우 낯설 것이다. 욕이거나 맛없는 초콜릿 상표 중 하나라고 생각할지도 모른다. 그러나 이 천년 고도는 고대 하드라마우트 왕국의 수도이자 2천 년 전에 세워진 도시로서 1982년 유네스코가 선정한 세계문화유산 목록에 등재되었고, 심지어 TV광고에 등장하기도 했다. 시밤이 사람들에게 깊은 인상을 남기는 것은 대부분의 사막 도시가 단층으로 집을 짓는 데 반해 하늘을 찌를 듯 높이 솟은 건물들이 모여 도시 전체를 형성하고 있기 때문이다.

화려한 로코코 스타일의 사나 건축물과 비교하면 시밤의 스타일이 얼마나 소박하고 심플한지 알 수 있다. 중세에 하드라마우트 사막의 원주민들은 진흙에 잘게 간 잡초를 섞어 충분히 저어준 다음 벽돌 모양으로 만들어 햇볕에 말렸다. 이렇게 해서 단단한 장방형의 흙벽돌이 만들어지면 오늘날 우리가 벽돌을 쌓아 집을 짓는 것과 마찬가지로 한 층씩 겹겹이 쌓아올렸다. 통상적으로 건물 한 채의 높이는 7~10층 정도 되는데 건축물의 외벽에는 석회가 발려 있다. 이는 미관적인 이유 때문이기도 하지만 방충 작용을 위해서이기도 하다. 이곳에 거주하는 사람들은 대부분 같은 성을 가진 친족으로, 하디의 가족도 그중 한 채에 살고 있었다.

다음 날 나는 오후를 통째로 비워 하디가 속한 하스만 가(家)를

찾아갔다. 장로는 나를 환대하며 거실에 앉으라고 권해주었다. 하드라마우트 사람들은 거의 대부분 집 안 장식에 신경 쓰지 않는 듯했다. 창문과 문틀의 조각을 제외하고 실내 공간은 극도로 심플하고 수수했다. 만약 스위스의 건축 대가 르 코르뷔지에(Le Corbusier)가 그 자리에 있었다면 분명 시밤을 끝없이 칭찬했을 것이다.

훗날 나는 이곳의 건축 양식이나 집 안을 꾸미는 스타일 등이 이슬람 종파 및 민족의 성격과 관련 있다는 사실을 알게 되었다. 이곳 사람들은 성별, 사회 계층에 따라 각기 부여된 실내 공간과 눈에 보이는 모든 것에 될 수 있는 한 소박함을 추구했다. "나는 마호메트가 우리가 이렇게 살기를 바란다고 생각합니다." 하디의 숙부는 나

1993년 발행된 50예멘리알. 뒷면의 주제는 천년 고도 시밤의 옛 성곽도시로, 사나와 비교하면 스타일이 소박하고 심플하다.

에게 이렇게 말했다.

안타깝게도 해외에서 일하는 아랍계 근로자의 90퍼센트가 예멘 출신이다. 특히 하드라마우트 사막 지역 같은 불모지에서 생계를 유지하는 일은 매우 고생스럽다. 하스만 가는 70퍼센트의 남자들이 해외에서 일한다고 했다. 싱가포르의 식당, 인도양의 산적화물선, 대형 토목공사가 이루어지고 있는 아부다비, 사우디의 유전 굴착 현장 등 전 세계 곳곳에서 우리는 예멘 사람들이 부지런히 땀을 닦으며 일하는 모습을 볼 수 있다. 그들은 아랍 세계에서도 가장 소외 계층이다.

저녁이 되어 나는 산봉우리에 올랐다. 이곳에서는 지폐의 배경이 된 구도를 볼 수 있어 사진을 찍기에 가장 적합하다. 유럽에서 온 관광객들은 일찌감치 삼각대 설치할 곳을 점령한 다음, 환상적인 시간이 다가오기를 기다리고 있었다. 마침내 태양이 서쪽 지평선에 근접하자 떠들썩한 열기는 순식간에 수그러들었다. 서풍이 불어와 무더위를 식혀주었고, 사방에서 카메라 셔터를 누르는 소리와 탄성이 들려왔다.

'사막의 맨해튼'이라 불리는 고층 건물들의 밝은 갈색 외벽은 밝게 비추는 석양에 점차 황금색으로 물들어갔다. 건물들의 입체감과 예리한 각도는 그늘이 지자 더욱 강렬하게 눈에 들어왔다. 그때 어디선가 소년들이 축구하며 지르는 환호성이 들려왔다. 나는 주변을 둘러보았다. 길가의 낡은 트럭, 폐건물의 얼룩덜룩한 흔적, 아무도 돌보지 않는 양의 무리 등은 시밤만의 절대적인 아름다움을 자아내며 인간 세상과 적절하게 어우러져 있었다. 하지만 사실 이것은 쇠

저녁 시간이 되자 '사막의 맨해튼'과 대지는 황금색으로 물들어갔다.

락의 한 장면이었다. 모두가 간파했지만 말로 표현해서는 안 된다는 사실을 잘 알고 있었다.

마지막 석양빛이 산봉우리에서 사라지자 하늘은 분홍색에서 와인색, 짙은 자주색으로 변해갔다. 드문드문 보이던 건물의 불빛이 조금씩 밝아졌고, 형태를 분별할 수 있는 모든 것은 점차 석양에 녹아 들어갔다.

"나는 정말로 이러한 사람들을 보고 싶었다. 자유의 땅에서 자유와 어우러진 사람들. 그들이 함께 일어났을 때 나는 비로소 사라져가는 순간을 바라보며 말할 수 있으리라. '부디 나를 위해 잠시만 머물러주기를! 진실로 아름다운 순간이여!' 덧없는 내 인생의 흔적은 비로소 영겁 속에서 퇴색하지 않을 수 있을 것이다. 그때가 되면 나는 그 아름다운 순간을 철저히 누릴 수 있을 거라고 예감한다."

괴테는 《파우스트》에서 이처럼 감개한 기분을 써내려갔다. 이 순간, 나도 파우스트의 심정을 이해할 수 있었다.

10
미얀마

'오웰적인' 부조리의 나라

Myanmar

1987년 미얀마에서 발행한 90차트 지폐의 앞면 일부

마지막으로 당이 2 더하기 2는 5라고 선포하면 당신은 반드시 그것이 옳다고 믿어야 한다.
– 조지 오웰, 《1984》

대부분 '이 나라'에 대해 들어보았을 것이다. 사람들에게 이 나라는 '사악' 및 '독재'와 동일한 의미를 지닌다. 이 나라의 한 여성은 전 세계적으로 유명한데, 2차 세계대전이 끝나기 두 달 전 출생한 건국 공로자의 딸로, 그녀의 부친은 약 1년 후 정치적 암살로 죽음을 맞이했다.

국민들은 건국 공로자의 딸이 자신들을 위해 행동해주기를 원했다. 결국 그녀는 뒤늦은 나이에 민주개혁운동에 뛰어들었다. 그 결과 20여 년 동안 가택연금과 석방을 반복해야 했다. 그렇게 청춘과 자유를 희생했지만, 그 대신 불후의 명성을 얻었다. 그녀는 바로 아웅 산 수치(Aung San Suu Kyi) 여사다.

평생 비폭력 방식으로 민주주의를 달성하기 위해 노력한 미얀마의 정치가 아웅 산 수치. 1991년 노벨 평화상을 수상했다.

이렇듯 유명한 아웅 산 수치 여사와 달리, 20세기 가장 위대한 영어권 작가 에릭 아서 블레어(Eric Arthur Blair, 1903-1950)가 이 나라와 관련이 있다는 사실을 아는 사람은 별로 없다. 그는 1920년대에 대영제국의 외지고 먼 속국에서 경찰로 근무했다. 5년의 임기를 마친 후 고향에 돌아가 휴식을 취하던 그는 갑자기 경찰을 그만두고 문학 창작에 몰두하기 시작했다. 식민지를 압박하는 사람에서 사회문제에 관심을 갖는 작가로 전향한 것이다.

탈고할 때 그는 자신의 본명을 버리고 필명을 사용했다. 바로 '조지 오웰(George Orwell)'이었다.

그의 처녀작 《버마의 나날(Burmese Days)》(1934)은 그가 극동 지역에서 복무한 경험과 견문을 바탕으로 집필한 것이다. 그러나 후대에 진정한 추앙을 받은 작품은 강렬한 정치적 동기를 지닌 유토피아 소설, 《동물농장》(1945)과 《1984》(1949)였다.

오웰은 《버마의 나날》과 《동물농장》, 《1984》를 집필하면서 20세기 미얀마의 재난과 슬픔을 예견했다. 우선 19세기에 발발한 영국-미얀마 전쟁으로 거슬러 올라가 보자.

1885년 대영제국은 미얀마를 영국령 인도로 병합했다. 국왕 티

바우 민(Thibaw Min)과 왕후 수파야랏(Supayalat)은 인도로 유배되었고, 장장 반세기에 달하는 영국의 식민 통치가 시작되었다.

1937년이 되자 미얀마는 독립적으로 운영되는 식민지가 되었다. 오웰은 바로 이 시기에 목재상 존 플로리(John Flory)를 주인공으로 미얀마의 상황을 묘사한 《버마의 나날》을 완성했다. 책에서는 후추, 정향나무, 육두구, 강황, 유자나무, 흑단, 마늘, 말린 새우 등 각양각색의 냄새와 자욱한 흙먼지, 그리고 상업도시 노동자들의 땀 냄새가 물씬 풍긴다.

오웰의 글은 해가 지지 않는 제국의 자긍심을 어렴풋이 드러내지만 동시에 식민 통치의 불공평한 착취를 반성하며 발버둥친다. 너무 사실적인 묘사 때문에 오웰이 출판사에 원고를 건넸을 때 편집자는 그가 제국을 비방하는 것은 아닌지 의심해 여러 차례 퇴짜를 놓았다. 결국 1934년이 되어서야 미국 출판사에서 정식으로 출판되었고, 영국에서는 그보다 늦은 1년 후에 비로소 세상의 빛을 볼 수 있었다.

1942년 5월 일본군은 미얀마를 점령한 다음 바모(Ba Maw)를 지도자로 내세워 명분상 독립적인 미얀마 정부를 수립했다. 대영제국 통치에 반대하고 독립의 길을 모색하던 아웅 산(Aung San) 장군은 미얀마 독립 의용군을 조직하고 일본군과 연합해 영국에 대항했다. 그러고는 일본군의 지지 속에 영국으로부터의 독립을 선포했다.

1943년 바모와 아웅 산은 다시금 미얀마 정부를 조직했고 아웅 산은 국방장관이 되었다. 몇 개월 후 아웅 산은 중국, 미국, 영국을 핵심으로 한 동맹국을 지지하기로 결의하고, '반파시즘 인민자유동

영국 식민지 시절의 미얀마 지폐 루피의 앞면. 초상화의 주인공은 영국 왕 조지6세다.

맹'을 조직해 일본군에 대항했다. 그러다 1945년 일본이 항복하자 미얀마의 독립이 유효함을 선포했다.

2차 세계대전이 끝난 후에도 미얀마는 여전히 영국의 통제를 받고 있었다. 그러다 1947년 7월 19일 아웅 산이 암살당했다. 그의 뒤를 이은 타킨 누(Thakin Nu)는 계속해서 독립운동을 추진했다. 결국 1948년 1월 4일 영국 의회는 정식으로 미얀마의 독립을 승인했고 곧 미얀마 연방이 수립되었다. 아웅 산 장군은 영국 왕 조지 6세를 대신해 새로운 나라의 정신적 상징이 되었다.

그러나 진정한 비극은 그때부터 시작되었다.

1962년 군사정부를 이끄는 네 윈(Ne Win) 장군은 미얀마를 외부 세계와 단절시키고 '미얀마의 특색을 지닌 사회주의' 개혁운동을 제창했다. 그러면서 농업의 집단화, 사유재산의 국유화를 주요 목표로 삼았다. 몇 년 후 인도차이나 반도의 곡창이었던 미얀마는 전 세계에서 가장 빈곤한 국가 중 하나로 전락하고 말았다.

이와 비슷한 이야기가 오웰의 《동물농장》에도 등장한다. 이 책은 돼지 무리가 인간인 농민을 전복시키고 농장 관리를 맡아 결국에는 독재주의로 치닫는 모습을 보여준다. 이를 통해 권력이 어떻게 사람의 마음을 갉아먹는지, 사회주의 혁명의 위기가 무엇인지 보여준다.

역사적으로 독재자나 과두 정치의 지도자는 절대 권력과 자신의 목숨에 심한 갈망과 집착을 가지고 있었다. 네 윈을 비롯해 진시황, 한무제, 왕망 등은 모두 점술이나 미신을 맹목적으로 믿었다. 미얀마 사람들은 9와 13, 끝자리가 0으로 떨어지는 수(예를 들어 10, 20, 30, 40, 50, 60, 70, 80, 90)를 기피한다. 네 윈의 점성술사는 그에게 장

1980년대 발행된 미얀마 지폐.
75차트와 35차트 지폐에는 미얀마의 국부 아웅 산 장군이 그려져 있다.

CA8093163
ပြည်ထောင်စုမြန်မာနိုင်ငံဘဏ်
ခုနှစ်ဆယ့်ငါးကျပ်
75
HA3810737
ပြည်ထောင်စုမြန်မာနိုင်ငံဘဏ်
သုံးဆယ့်ငါးကျပ်
35
EP5681651
ပြည်ထောင်စုမြန်မာနိုင်ငံဘဏ်
တစ်ဆယ့်ငါးကျပ်
15
BG4459944
ပြည်ထောင်စုမြန်မာနိုင်ငံဘဏ်
လေးဆယ့်ငါး
ကျပ်
45
CN2608765
ပြည်ထောင်စုမြန်မာနိုင်ငံဘဏ်
ကိုးဆယ်ကျပ်
90

수하고 후손이 번성하기를 바란다면 반드시 숫자 9와 0을 피해야 한다고 말했다. 특히 1989년과 1999년은 액년이라는 것이었다.

미신 때문에 네 윈은 나라의 근본을 흔드는 전대미문의 소동, 즉 화폐 개혁을 일으켰다. 1985년부터 미얀마 군사정부는 20, 50, 100차트(Kyat)를 회수하고 75차트 신권을 발행해 네 윈의 75세 생일을 경축하려는 계획을 세웠다.

2년 후 군사정부는 또 예고 없이 25, 35, 75차트의 발행을 중지하고 오로지 45, 90차트 지폐의 유통만을 허락했다. 두 숫자는 9로 나누어 완전히 떨어지는 동시에 네 윈이 가장 좋아하는 숫자였다. 점성술사는 말을 바꿔 그에게 길한 숫자인 '9'를 사용하면 나라가 빈곤에서 벗어나 부유해질 수 있으며 지도자 또한 장수할 수 있다고 이야기했다.

독재자의 변덕 때문에 나라에서 사용하던 화폐의 75퍼센트가 가치를 잃었고, 미얀마의 경제는 공전의 위기에 처했다. 악성 통화 팽창이 시작되고 재정 체계가 붕괴되었으며, 결국에는 '8888민주항쟁'이 일어났다.

소설 《1984》는 냉담하고 무정한 디스토피아(Dystopia)를 정확하게 묘사한다. 또한 미얀마 군사정부 통치 하의 민중의 삶을 깊이 있는 예견으로 드러낸다. 미얀마 지폐를 통해서도 우리는 '오웰적인(Orwellian)' 부조리와 잔혹함을 볼 수 있다.

World history of banknotes

II

독일

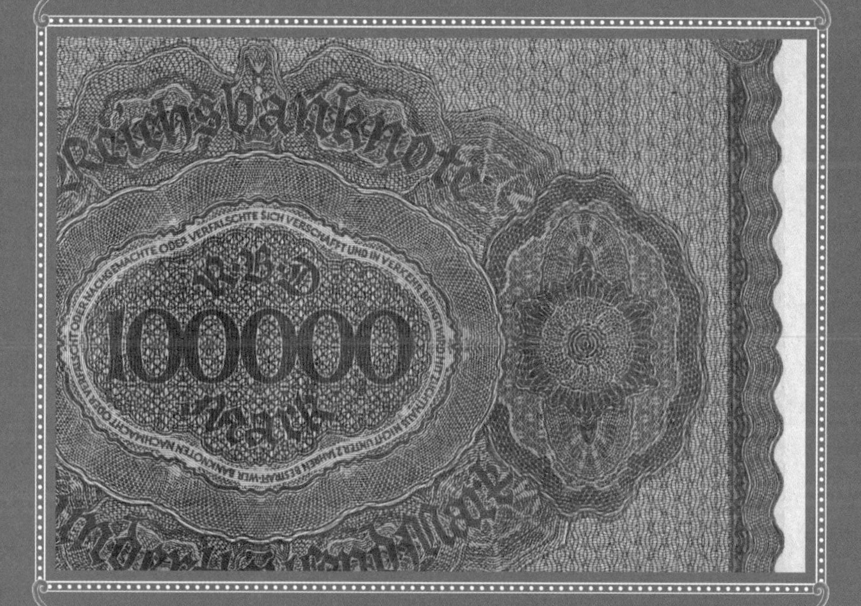

지폐가 한낱 종잇조각으로 변할 때

Germany

1922년 1월 독일이 발행한 10,000마르크 지폐의 뒷면 일부

너는 요정이 있다고 믿니? 어서 믿는다고 대답해. 만약 믿는다면 손뼉을 쳐보렴!
-《피터 팬-어른이 되지 않는 소년》

"달걀 하나를 살 돈으로 몇 년 전에는 승용차를 살 수 있었다. 훗날 가격은 더 비상식적으로 상승했다. 듣자 하니 독일에서는 달걀 하나의 가격이 40억 마르크까지 치솟았다. 이는 과거 베를린의 모든 부동산 가격을 합한 액수와 거의 같다."

오스트리아의 저명한 작가 슈테판 츠바이크(Stefan Zweig, 1881-1942)는 《어제의 세계》라는 자서전에서 1차 세계대전 이후 독일과 오스트리아 양국의 고달픈 생활을 생생하게 그려냈다. 특히 고정임금을 받는 계층의 피해가 심각했고, 지갑 속에 든 지폐는 하루아침에 벽지만도 못한 종잇조각으로 변해버렸다. 오늘날 우리가 알고 있는 통화팽창지수에 따른 임금 조정 방식은 2차 세계대전이 끝난 후에야 비로소 발명된 것이다.

"오늘 매우 놀랄 만한 사실을 발견했다. 햄 샌드위치의 가격이 24,000마르크였던 것이다. 어제 같은 가게에서 비슷한 샌드위치를 14,000마르크에 살 수 있었다." 영국의 〈데일리 메일〉은 독일과 오스트리아 국민들의 힘겨운 생활을 빈번히 게재했다. 하지만 기사에서 동정이나 감정은 느껴지지 않았다. 알프스 남북의 게르만인에게 벌어진 현실이 마치 다른 행성 이야기인 듯 자신들과 아무런 상관이 없는 것처럼 말했다.

전쟁은 막을 내렸지만 진짜 고생은 그때부터 시작되었다. 화폐 제도의 붕괴는 미래를 향해 나아가던 발걸음에 상상할 수 없는 타격을 주었다.

인류의 역사를 살펴보면 한 가지 사실을 발견할 수 있다. 보이지 않고 만질 수도 없는 일을 상대방이 '완전히' 믿도록 설득하려면 어떤 일이 있어도 흔들리지 않는 깊은 신뢰감이 필요하다는 것이다.

화폐 제도는 사랑과 마찬가지로 '완전한 신뢰'라는 심리적 기초 위에 세워진다. 지폐와 결혼증서는 모두 얇은 종이에 불과할 뿐 그 자체로는 실질적인 가치를 지니지 않는다. 그것들의 가치는 한 치의 의심도 허용하지 않는 확고한 신뢰를 통해 생긴다. 즉 그것이 우리에게 재물이나 행복을 지불할 만한 능력이 있다고 믿는 것이다. 신뢰가 사라지면 화폐 제도와 사랑은 모두 붕괴될 운명에 처한다.

북송 시대 진종(眞宗) 때로 거슬러 올라가보자. 성도(成都)[24]에서

---

24. 중국의 도시. 현재 쓰촨성의 성도(省都).

양호한 신용을 가진 거상들은 자신들이 보유한 자금을 출자해 종이 증서를 만들어 엽전을 대신했다. 파촉(巴蜀) 일대에서만 국지적으로 유통되던 지전을 《송회요》에서는 '교자(交子)'라고 불렀다. 발행기관은 '교자포(交子鋪)'(오늘날 지폐 발행 은행과 유사)였는데, 이로부터 지폐의 원형이 형성되었다.

중국 북송 시대에 파촉 일대에서 유통된 '교자'. 최초의 지폐라 할 수 있다.

교자가 발명된 초기에는 사람과 사람 사이에 양도와 교환이 가능한 예금증명서와 같은 역할을 했다. 즉 반드시 귀금속 같은 담보가 있어야 비로소 동등한 가치의 태환권을 발행했다. 이것이 현대 지폐와 뚜렷이 다른 점이다.

시간이 흘러 계산 감각이 뛰어난 몇몇 교자포 경영자들은 현금을 빌려주었다가 회수할 때 원금에 이자를 붙여 받으면 약간의 수익을 얻을 수 있겠다고 생각했다. 이에 교자포의 경영 수익이 증가했을 뿐만 아니라 투자 경제가 움직이게 되었다. 수준 높은 현대 경제학 용어로 이야기하자면 '화폐 창출'인 것이다.

즉 은행은 예금한 돈을 대출해주고 이자를 벌어들여 화폐의 유통 가치를 창조한다. 그러나 전제가 되어야 할 조건은 예금주가 현금을 찾을 때 은행은 이를 모두 지불할 능력이 있어야 한다는 것이다.

이 기본적인 능력을 금융계에서는 '지급 준비금'이라 부른다. 만약 지급 준비금을 초과해 인출 요구가 일어나면 문제가 생긴다. 만일의 사태가 발생해 예금을 찾으려는 고객이 폭발적으로 몰려들면 은행은 반드시 심각한 위기에 처하게 되는 것이다.

최초의 지폐가 발명되자마자 첫 금융위기가 찾아왔다. 초과 발행된 교자 때문에 교자포에서 예금주가 요구하는 금액을 지불하지 못하는 사태가 발생했고, 이로 인해 교자포는 도산했다. 《자치통감》은 이 사건을 '쟁료(爭鬧)'라고 불렀다. 당시 교자의 소유자는 평균적으로 액면가의 70퍼센트만 현금으로 교환할 수 있었다. 즉 교자의 액면가가 1,000원이라면 700원의 가치가 있다는 이야기다.

만약 교자포가 미덥지 못한 기관처럼 보인다면 오늘날 은행이 돌아가는 상황을 살펴보라. 은행의 지급 준비율은 10퍼센트 정도다. 유로화를 사용하는 나라의 경우 은행의 지급 준비율을 2퍼센트로 설정돼 있다. 미국은 10퍼센트, 중국은 평균 20퍼센트다.

대만의 은행에서는 최고 지급 준비율을 25퍼센트로 설정하고 있다. 그 말은 고객이 예금을 찾기 위해 은행에 몰려드는 경우, 어떤 은행도 예금액의 25퍼센트밖에 지불할 수 없다는 뜻이다. 이와 비교하면 교자포의 70퍼센트는 매우 믿을 만하고 성의가 있다고 볼 수 있다.

쟁료가 벌어지자 성도에서 가장 부유한 열여섯 곳의 상점이 나서서 시장을 정리하기로 합의했다. 이는 1907년 J. P. 모건(John Pierpont Morgan, 1837-1913)이 월 스트리트의 주식 거래 중단에 관여한 것과 비슷하다. 이후 이 열여섯 곳의 상점만이 교자를 발행할 수 있었고, 교자는 정식으로 통일되었다. 교자를 가지고 있는 사람은 언제든 열여섯 곳의 교자포에서 현금을 교환할 수 있었다.

이렇게 해서 인류 역사상 최초로 완전한 의미와 실질적인 기능을 지닌 은행권이 탄생했다. 이는 가장 오래된 지폐라 할 수 있다.

1차 세계대전 후로 다시 돌아가 보자. 1919년 파리강화회의(Paris Peace Conference)에서 연합국은 독일에 전쟁배상금으로 2,690억 마르크를 요구했다. 비현실적인 액수에 독일 국민들은 깜짝 놀랐다. 결국 몇 차례의 충돌과 조정, 협의를 거친 후 총 배상금은 1,320억 마르크까지 하향 조정됐다. 그러나 천문학적인 전쟁배상금은 지폐 남발과 통화 팽창으로 이어지며 독일 경제에 악영향을 끼쳤다.

송나라에서 쟁료가 발생했을 때는 적은 금액은 수월하게 찾을 수 있었기 때문에 그나마 양호한 편이었다. 그러나 1920년대에 독일과 오스트리아에서 발생한 악성 통화 팽창은 영락없는 비극이었다. 뮌헨을 예로 들자면 물가가 48시간마다 두 배로 치솟았다. 정부는 액면가가 높은 지폐를 발행해 물가 상승과 통화 팽창에 대응했다.

악성 통화 팽창은 1923년에서 1924년 사이에 절정을 이루었다. 1919년 1마르크였던 물건을 1923년에는 7,260억 마르크를 지불해야 비로소 손에 넣을 수 있었다. 또한 1922년 발행된 지폐의 최고 액면가는 5만 마르크였으나 1923년 초에는 100조 마르크에 달했다. 당시 800억 마르크는 1달러와 상등했다. 그나마 연말이 되자 420억 마르크를 1달러와 교환할 수 있는 정도가 되었다.

인류는 경제를 갉아먹는 위력을 지닌 악성 통화 팽창을 처음으로 인식하기 시작했다.

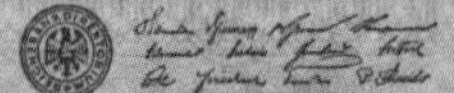

1920년대에 발행된 거액의 독일 마르크. 자세히 살펴보아야 액면가를 알 수 있다.

100
REICHSBANKNOTE
HUNDERT
BILLIONEN MARK
100

REICHSBANKNOTE E·00658951
Eine Billion Mark
zahlt die Reichsbankhauptkasse in Berlin gegen diese Banknote dem Einlieferer. Vom 1. Februar 1924 ab kann diese Banknote aufgerufen und unter Umtausch gegen andere gesetzliche Zahlungsmittel eingezogen werden
Berlin, den 1. November 1923
REICHSBANKDIREKTORIUM
1000
MILLIARDEN

1913년부터 1918년까지 1차 세계대전이 벌어지던 시기에 독일의 통화발행량은 8.5배 증가했다. 당시 독일 마르크는 미국 달러에 비해 50퍼센트 정도 가치가 떨어질 뿐이었다. 그러나 1921년부터 독일 중앙은행은 마치 불붙은 화산처럼 통화를 방출하기 시작했다. 1921년 통화발행량은 1918년에 비해 다섯 배 증가했고, 1922년에는 1921년에 비해 열 배나 증가했다. 1923년에는 1922년보다 무려 7,235만 배 증가했다. 1923년 8월부터 물가는 천문학적으로 치솟았고, 토스트 한 조각 혹은 우표 한 장의 가격이 1,000억 마르크에 달했다. 독일 노동자들은 임금을 매일 두 번에 나누어 수령하고 이를 반드시 50분 안에 다 써버려야 했다. 그러지 않으면 아무 쓸모없는 폐지로 변했기 때문이다.

악성 통화 팽창이 이렇듯 심각한 타격과 고통을 야기하자 독일의 각 지역에서는 자발적으로 상의를 거쳐 현지에서만 유통되는 금융 태환권을 발행하게 되었다. 이를 '긴급 통화(Notgeld)'라고 하는데 지역마다 재질, 구도, 액면가가 각각 달랐다. 정부에 대한 신뢰가 완전히 붕괴된 상황에서 긴급 통화는 유일하게 믿을 만한 것이었다.

다양한 액면가, 저속한 색채와 난잡한 스타일에 인쇄 상태마저 불량한 긴급 통화를 살펴보면 당시의 생활이 얼마나 곤궁했는지 알 수 있다. 긴급 통화 중에는 지역의 해학적인 문구나 우스갯소리를

▶ 악성 통화 팽창 때문에 독일의 수많은 지역에서 현지에서만 유통되는 화폐를 발행하기 시작했다. 재질, 구도, 액면가가 각각 다른 '긴급 통화'다.

OSTERFELD i/W.
PFENNIG
100
PFENNIG
BURG·VONDERN
GEBRÜDER JÄNECKE, DRUCK- UND VERLAGSHAUS, HANNOVER.
mein letzes an Wort.
Bild 6
Notgeld der Stadt Cüstrin
Fünfzig Pfennig
50
50
50
DER GEMEINDE-L
VERFALLTAG 31. DEZ. 1921
1000

Büßend u. betend u. sehnsuchtskrank, bis ich zu Tode niedersank.
mein letzes an Wort.
100
PFENNIG
GUTSCHEIN DER STADT BITTER

담은 것도 있었는데, 이는 경제적 어려움에 처한 국민들의 고충을 잠시나마 덜어주기 위해서였다.

외국 은행의 욕심과 독일 은행가들의 무지 및 비양심적인 행동에 많은 사람이 희생을 치렀다. 번영을 기다리던 자본사회의 중산계급은 하룻밤 사이에 빈민으로 전락했다. 이는 훗날 나치당이 등장하고, 아리아인이 유대인 은행가를 원망하는 이유가 되었다.

1870년 프로이센-프랑스 전쟁에서 패배한 프랑스와 비교하면 독일 사람들이 겪은 고충은 훨씬 심각했다. 사라지지 않는 증오와 분노가 만연한 가운데 결국 더욱 처참한 2차 세계대전이 발발하고 말았다. 악성 통화 팽창 속에서 소리 없이 다가온 전쟁의 요인들이 한 번에 폭발한 것이었다.

12
지브롤터

여왕 머리 위의 원숭이

Gibraltar

2000년 지브롤터에서 발행한 5파운드 지폐의 뒷면 일부

지브롤터
Gibraltar

World history
of banknotes

우리의 존재는 하나의 거대한 식민지라 할 수 있다. 수많은 사람이 각자 다른 생각과 마음을 품고 이곳에 융화되어 있다.
– 페르난도 페소아, 《불안의 책》

제국과 식민지는 19세기의 원동력이었다. 그러나 오늘날에도 우리는 부지불식간에 제국의 그늘 아래 살아가고 있다. 식민지 시절의 제도와 관습, 언어와 문화는 오늘날에도 세계의 구조와 사상, 이상과 몰락에 영향을 끼치고 있다.

우선 19세기로 돌아가 유럽 대륙의 머나먼 남방을 살펴보자.

질 브랄타르(Gil Braltar)라는 이름의 스페인 사람은 문득 한 가지 생각을 떠올렸다. 원숭이로 변장해 거대한 바위산에서 생활하고 있는 원숭이 집단에 숨어들면 어떨까? 그는 조심스레 원숭이 집단에 들어갔고, 어느 정도 시간이 흐른 후 원숭이들의 신임을 얻었다. 그리고 그의 선동 아래 원숭이들은 현지의 총독부를 습격하기로 결정했다. 반항의 불길은 맹렬하게 타올랐고 빠르게 확대되었다. 얼마 지나지 않아 요새와 항만을 성공적으로 점령한 원숭이들은 밝은 미래를 기대했다.

한편 뜻을 이룬 브랄타르가 의기양양해하고 있을 때 통치국 정부는 외모가 매우 추악한 지휘관 맥 카크메일(Mac Kackmale)을 파견했다. 그러자 무장 폭동을 일으킨 원숭이들은 갑자기 고분고분 말을 잘 듣는 선량한 백성이 되었다. 별다른 조치를 취하지 않았음에도 모두들 얌전히 무기를 내려놓고 거대한 바위산으로 돌아가 다시는 내려오지 않고 분수를 지키며 살았다. 원숭이들이 매우 못생긴 카크메일을 브랄타르와 마찬가지로 자기편이라고 믿었기 때문이다. 원숭이들의 세계에서는 가장 못생긴 인물이 역량을 가지고 있다고 간주되었으므로 그는 원숭이 무리의 국왕이 될 수 있었다.

결국 원숭이들의 반란은 실패로 끝났다.

이야기의 마지막에서는 통치국 정부도 이 기이한 사실을 발견하고 국회에서 결단을 내린다. 앞으로 식민지 총독을 가장 못생긴 장군에게 맡겨서 제국의 통제권과 이익을 확보한다는 것이었다.

물론 이는 실제로 일어났던 일이 아니다. 프랑스의 유명한 SF소설가 쥘 베른(Jules Verne)이 1887년에 발표한 단편소설 《질 브랄타르》의 내용이다. 작가는 소설을 통해 당시 사회적으로 광범위한 논쟁을 일으켰던 다윈의 학설과, 가혹한 세금을 거두어들이며 식민지를 착취하는 제국주의를 강하게 풍자했다. 이야기가 벌어지는 주요 무대인 '거대한 바위산'은 유럽 대륙 내에서 유일한 제국주의의 자취이며, 불안한 정치적 현실이 벌어지는 곳이었다.

- 왼쪽 – 브랄타르가 원숭이로 변장하고 원숭이 무리의 반항을 선동하는 모습.
- 오른쪽 – 브랄타르와 카크메일이 엉겨 붙어 싸우고 있는 모습. 삽화는 조지 후의 작품이다.

이베리아 반도 최남단에 위치한 지브롤터는 아프리카 대륙을 멀리 마주하고 있으며 대영제국이 마지막으로 맹위를 떨친 지역이다. 지브롤터 해협 양측에 하늘을 찌를 듯 우뚝 솟은 거대한 바위산은 상고 신화 속 등장하는 세상의 끝이다.

몹시도 뜨거웠던 어느 여름날, 나는 정어리 통조림처럼 꽉 들어찬 관광객 대열의 가장 앞쪽에 섰다. 불분명한 영어와 스페인어 방송이 번갈아가며 주의사항을 알려주었다. 관광객 무리는 윈스턴 처칠 대로 양쪽에서 흥분한 채 카메라와 촬영기기를 준비했다. 그들은 눈 한 번 깜빡하지 않고 교차로를 주시하며 지브롤터 특유의 교통 명관을 기다리고 있었다.

몇 분 후, 중형 제트 여객기가 활주로에 나타났다. 비행기는 잠시 기다리다가 속도를 올리더니 마지막 스퍼트를 올려 이륙했다. 10초도 지나지 않아 제트기는 시야에서 사라졌다. 잠시 후, 또 다른 제트기가 상공에서 나타나 강하하기 시작했다. 착륙 후에는 몇 분 동안 지상에서 활주했다. 도로를 다시 개방하자 몇몇 사람들은 '이게 다야?'라는 의아한 표정을 지었고, 현지인들은 비웃는 듯한 시선을 보냈다.

이는 지브롤터에서 매일 적어도 여섯 차례 벌어지는 비행기 발착쇼다. 매회 10분 정도 진행되는데, 오로지 비행기가 시가지에서 활강하는 모습을 보기 위해 지브롤터를 찾는 관광객도 있다.

나는 피시앤칩스를 파는 작은 가게들이 늘어선 시내를 떠나 고대에 '헤라클레스의 기둥'이라 불린 거대 바위산으로 향했다. 소설 속에 등장하는 기괴하고 재미있는 '산속의 주민'을 보기 위해서였다.

쥘 베른이 묘사한 원숭이 무리는 결코 터무니없는 날조가 아니었다. 그들은 유럽 대륙에서 유일하게 '인류가 아닌' 영장류, 바바리마카크(Barbary Macaque)였다. 오랜 기간 현지에서 상서로운 동물로 여겨지고 있는 이 원숭이들은 사실 험난하고 불우한 역사를 가지고 있다.

고대 로마 시대에는 의학 연구 분야에서 인체 해부를 금지했다. 그래서 의사 갈레노스(Galen of Pergamon, 129-216)는 인간 대신 바바리마카크를 해부하고 분석했다. 그런 다음 두 개체가 해부학적으로 매우 유사하다고 주장했다. 이러한 오류는 르네상스 시대까지 계속되다가 현대 해부학의 아버지 안드레아스 베살리우스(Andreas van Wesel, 1514-1564)가 등장하고 나서야 비로소 국면이 전환되었다.

지브롤터의 바바리마카크

사람들에게 널리 알려진 또 다른 미신은 원숭이가 거대 바위산에서 사라지면 영국의 지브롤터 통치가 끝난다는 것이었다. 그래서 영국 정부는 줄곧 원숭이 개체 수에 주의를 기울였다. 가령 2차 세계대전이 벌어지던 시기에 지브롤터의 원숭이가 몇 마리밖에 남지 않은 적이 있었다. 영국 수상 처칠은 긴급 명령을 내렸다. 북아프리카에서 작전을 펼치고 있던 사령관 몽고메리에게 아틀라스 산맥에서 원숭이를 찾아와 개체 수를 보충하도록 한 것이다. 2차 세계대전이 끝난 후 원숭이는 생각지도 못하게 많이 번식했고, 지브롤터에서 발행하는 지폐에도 실리게 되었다.

지브롤터는 1914년부터 자신들만의 법정 화폐 '지브롤터 파운드'를 발행했다. 이는 영국의 파운드와 동등한 가치를 지녔다. 이 지폐의 변하지 않는 주제는 도시의 어디서도 그 존재를 무시할 수 없는 지브롤터의 거대 바위산과 현지인들이 '리즈(Liz)'라는 애칭으로 부르는 엘리자베스2세 여왕이었다. 그 밖에도 18세기 말 지브롤터 포위전(Great Sieges of Gibraltar)에서 도시를 방어하는 데 공을 세운 조지 엘리엇(George Augustus Eliott) 장군, 지브롤터를 거점으로 트라팔가 해전에서 나폴레옹의 대군을 격파시킨 호레이쇼 넬슨(Horatio Nelson) 장군, 2차 세계대전에서 영국을 승리로 이끈 전 수상 처칠이 등장했다.

영국 본토와 영국의 해외 영토(British Overseas Territories)에서 발행되는 모든 지폐를 통틀어 지브롤터 파운드만큼 대영제국의 영광을 직접적으로 드러내지는 않는다. 즉 지브롤터 파운드의 지폐 서열은 대영제국의 영광을 엿볼 수 있는 만화경 같은 존재다.

물론 예외도 있다. 2000년 발행한 5파운드 지폐와 2004년 발행한 20파운드 지폐의 뒷면에는 전쟁의 영광스러운 승리가 아닌 바바리마카크의 모습이 등장하는데, 이는 원숭이에 대한 현지인들의 사랑을 고스란히 드러낸다.

한편 1995년 발행한 50파운드 지폐는 의외의 큰 파문을 일으켰다. 쥘 베른이 반란의 상징으로 묘사했던, 매우 변덕스럽고 갈피를 잡을 수 없는 지브롤터의 원숭이가 여왕의 머리 위에 등장했기 때문이다. 비록 반항적인 행동을 묘사하지는 않았지만 경건하지 못한 구도와 디자인은 보수 인사들의 불안감을 불러일으켰다. 상하 의원들은 국회의사당 소재지인 웨스트민스터 사원에 모여 의견을 교환했고, 모두들 혹시나 여왕의 역린을 건드리지는 않을까 두려워했다.

마침내 엘리자베스2세가 이에 응답했다. 여왕은 그저 웃었다. 분명 시대가 변한 것이었다.

나는 오래된 뉴스 영상을 통해 여왕이 웃은 이유를 알 수 있었다. 1954년 대관식이 끝난 지 얼마 되지 않아 엘리자베스2세는 왕세자 찰스를 데리고 와해되고 있는 대영제국의 식민지를 순방했다. 그 첫 번째 방문지가 바로 지브롤터였다. 틀에 얽매이지 않은 젊은 여왕과 왕세자는 거대 바위산을 등반해 주권을 선포했고, 원숭이에게 먹이를 주었다.

기자들은 이 진귀한 순간을 포착했다. 이후 어린 왕세자가 원숭이에게 먹이를 주는 사진은 한동안 매우 유행했다. 지폐 도안은 바로 여기서 비롯된 것이었다. 훗날 관광객들은 지브롤터를 방문하면 원숭이와 함께 기념사진을 촬영했다.

- 위 - 지브롤터가 2006년 발행한 10파운드 지폐. 주인공은 엘리엇 장군이다.
- 가운데 - 20파운드 지폐. 주인공은 넬슨 장군이다.
- 아래 - 50파운드 지폐. 주인공은 처칠 수상이다.

- 위 - 지브롤터가 1995년 발행한 50파운드 지폐.
- 가운데 - 2000년 발행한 5파운드.
- 아래 - 2004년 발행한 20파운드.

세 지폐에서 모두 원숭이의 모습을 볼 수 있다.

개인적으로 나는 사진에서 제국의 여왕과 왕세자가 아닌 아이를 데리고 소풍을 간 어머니의 모습을 발견했다. 모든 것은 그저 아이를 기쁘게 하려는 일념에 불과해 보였다.

여왕의 심기를 건드리지는 않았지만 지폐 도안은 다른 쪽으로 파장을 일으켰다. 왕실의 잘못된(?) 본보기 때문에 원숭이들은 관광객이 주는 먹이에 과도하게 의존하게 되었고, 이에 생태계 균형이 무너진 것이다. 현재 지브롤터의 원숭이에게 먹이를 주는 일은 위법이며 벌금이 부과된다!

World history of banknotes

13

북한 · 이라크 · 리비아

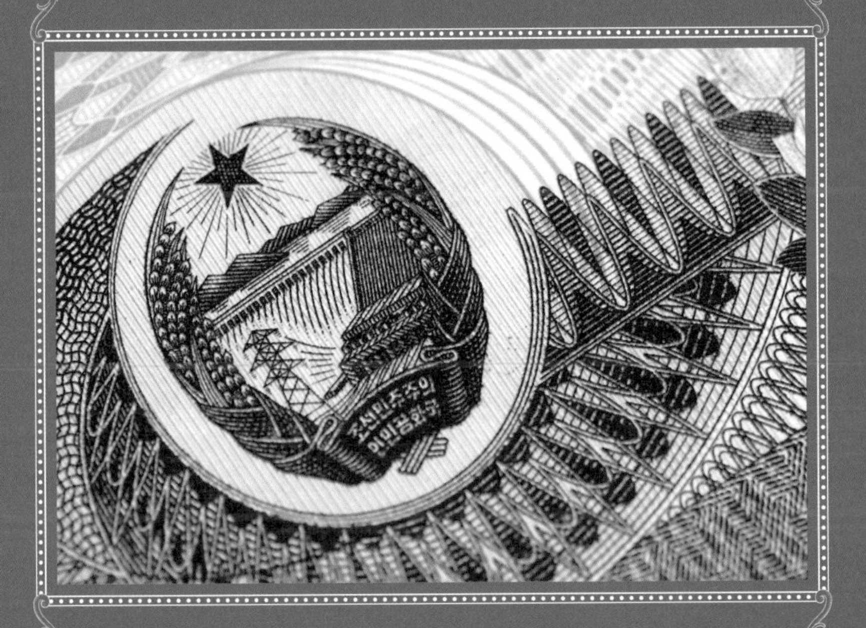

공포스런 독재자의 광기

North Korea · Iraq · Libya

2009년 리비아에서 발행한 20디나르 지폐의 앞면 일부

북한
North Korea

이라크
Iraq

리비아
Libya

World history of banknotes

인류의 모든 구성원은 고유의 존엄을 지니며 평등권은 어떤 방법으로도 양도할 수 없다. 이는 세계의 자유, 정의, 평화의 기초다. 인권을 무시하고 경멸하는 행위가 야만적인 폭력으로 발전할 경우, 이러한 폭력은 인류의 본성을 모욕하는 행위로 간주한다. 또한 개인은 누구나 언론의 자유, 신앙의 자유를 가지며 공포와 가난으로부터 벗어날 권리가 있다. 이는 모든 사람들의 지고한 열망으로 천명되었다. 인류는 자신을 핍박하고 위협하는 폭정과 억압에 대항할 수 있어야 하며, 인권은 법의 보호를 받아야 한다.
–〈세계인권선언문〉 중에서

북한

2011년 12월 28일 평양의 겨울은 유달리 추웠고, 깃털처럼 커다란 눈송이가 하늘에서 묵직하게 떨어졌다. 만수대산 현장에는 슬퍼하는 시민들로 가득했다.

미소를 띤 김정일의 모습이 창백하게 얼어붙은 서리 속에 등장하자 사방팔방에서 곡소리가 터져나왔다. 북한 중앙TV는 정부당국 발표에 따라 조선민주주의인민공화국의 최고 영도자이며 조선노동당 총서기, 조선민주주의인민공화국 국방위원장 김정일이 수력발전소를 시찰하기 위해 자강도 희천으로 향하던 중 전용 열차에서 과로로 인한 돌발성 심근경색으로 급사했다고 전했다. 모든 상황은 김일성, 김정일 부자가 강조해온 '고난 속 행군', '전투 중 사망'처럼 나라를 위해 온몸을 바쳐 죽음을 맞이하는 숭고한 이미지에 딱 들어맞았다.

김정일의 사망 소식이 전해지자 전 세계의 미디어는 들썩거렸다. 모두들 '선군 사상'[25] 아래 대대적으로 개인을 숭배해온 허구의 유토피아 북한이 앞으로 어떤 길을 가게 될지 궁금해했다.

나는 지금껏 다양한 루트로 북한에 입국했다. 중국 랴오닝성 단둥시에서 기차를 타고 압록강을 건너 평안북도 신의주에 도착하거나 랴오닝성의 성도인 선양에서 비행기를 타고 평양으로 갔다. 러시아의 항구도시 블라디보스토크에서 비행기를 갈아타고 평양에 도착하기도 했다.

어떤 경로를 택하든 북한 국경 내에 들어가면 똑같았다. 휴대폰, 컴퓨터는 일률적으로 몰수해 보관했고, GPS 기능이 탑재된 손목시계와 촬영기기도 맡겨두어야 했다. 소지하고 있는 외국 화폐의 액수도 엄격히 등록했다.

뿐만 아니라 모든 외국인 관광객은 외부와 단절된 대동강 반각도에 머물러야 하며, 여정도 천편일률적이었다. 만경대의 김일성 생가, 묘향산, 주체사상탑, 당 창건 기념비, 천리마 동상, 소년궁, 낙원 백화점 등.

---

25. '선군'은 군대를 앞세운다는 뜻으로, 김정일 국방위원장이 1995년부터 내건 정치사상이다.

- 위 – 1992년 북한이 발행한 50원 지폐. 앞면의 주제는 주체사상탑이다.
- 아래 – 100원 지폐. 앞면은 북한의 건국 지도자 김일성의 초상이다.

우리가 가는 곳에는 항상 화려하게 입고 의심스럽게 행동하는 사람들이 출현했다. 반듯한 제복을 입고 공원 벤치에 앉아서 책을 보는 짧은 머리의 청년, '억지로' 유행에 맞춰 단장하고 손에 생화를 들고 있는 아름다운 소녀. 말로는 설명할 수 없는 수상하고 기이한 분위기가 그들 주위에 맴돌았다. 설령 그들이 미소 띤 얼굴로 나에게 인사를 건네도 '저게 과연 진심일까, 아니면 거짓일까?'라는 의문이 참을 수 없이 들었다.

김정일의 장례 행렬을 인터넷 생방송으로 시청하다가 나는 놀라운 사실을 알게 되었다. 인파가 무려 40킬로미터에 달하는 것이었다. 도대체 어떤 변태적이고 왜곡된 나라가 이러한 광경을 연출할 수 있단 말인가! 이는 단순히 파시즘이나 중앙집권체제만으로는 해석할 수 없는 것이었다. 북한의 김 씨 왕조는 시공을 착각해 절대왕정을 부활시킨 독재자였다.

김정일의 시대는 끝나고 지금은 그의 뒤를 이은 김정은이 구습을 통해 계속해서 정권을 유지하고 있다. 세뇌, 협박, 노동 개조, 그리고 우리가 알지 못하는 피비린내 나는 폭력으로 말이다.

20세기는 여러 이념이 과열 대립하는 격동의 시대였다. 자본은 공산과, 자유 민주는 전제 집권과, 개혁 개방은 쇄국과 대치했다. 이러한 대치가 늘 가시적인 것은 아니었다. 때로는 비밀리에 시작되기도 하고, 소리 소문 없이 사라지기도 했다. 그러나 조심스럽게 말하건대, 자유 민주 진영과 독재자들은 보이지 않는 공통점을 지닌 경우가 더 많았을 것이다.

이라크

2002년 10월 15일 사담 후세인(Saddam Hussein)은 대통령 선거에서 절대우위를 차지하며 100퍼센트 득표율로 이라크 공화국 제5대 대통령에 당선되었다. 선거 결과가 뉴스를 통해 알려지면서 이미 국가기관을 장악하고 대규모 살상 무기를 소유하고 있던 그는 민주주의 이상을 부르짖는 사람들의 공동의 적이 되었다.

개표 이틀 전 나는 마침 바그다드 중심에 위치한 이라크 국립 박물관에 있었다. 아수르 왕조 시대의 설형문자가 새겨진 점토판을 복원사가 조심스럽게 이어붙이는 장면을 가까이서 보고 있었다.

산산조각난 점토판은 내 눈에 마치 분열되고 와해된 이라크를 상징하는 것처럼 비쳤다. 모든 이라크인은 자신만의 방식으로 국가, 역사, 문화, 심지어 개인의 보잘것없는 자존심까지 완전히 그러모으고 있었다. 그러나 수많은 노력은 다 헛수고였다. 민생물자도 부족했고 하루하루 살아가는 것조차 힘들었다. 그런 상황에서 메소포타미아, 아수르, 바빌론, 사나, 압바스 문화의 절대적인 영화를 보존하고 전승하는 일은 논외의 대상이었다.

"탁!" 하고 느슨하게 붙어있던 조각이 떨어지자 복원사는 실망한 기색을 감추지 못했다.

박물관을 나온 후 나는 현지 친구의 결혼식에 참석했다. 모두들 오랜만에 즐거운 시간을 보내며 밤새 떠들썩하게 노래를 불렀다. 국제적 경제 제재를 받아 빈곤에 처해 있었지만 그러한 상황을 잠시나마 잊는 듯했다.

나는 길가의 아이들이 벤치에 앉아 화로에서 갓 꺼낸 전병을 어른들이 나누어주기를 예의바르고 얌전하게 기다리던 모습을 아직도 기억한다. 그리고 신랑이 축하객에 둘러싸여 덩실덩실 춤을 추던 광경도……. 또한 나는 모두가 미래의 생활에 여전히 크나큰 기대와 이상을 품고 있었던 것도 기억한다. 어느 젊은이는 해외 유학을 갔다가 귀국해서 이라크를 다시 발전시키고 말겠다고 호언장담하기도 했다.

의외였던 점은 후세인에게 불만을 품고 있는 사람이 생각보다 많지 않았다는 것이다. 그들은 그저 경제 제재가 하루빨리 풀리기만을 바라고 있었다. "그러면 결혼식이 아니더라도 모두가 배부르게 먹을 수 있을 테지!" 신랑의 아버지는 그렇게 말했었다.

그러나 5개월 후 미국을 필두로 한 연합군은 유엔의 결의를 무시하고 이라크 공격을 감행했다. 독재자 사담 후세인은 교수형에 처해졌고, 바그다드 친구들의 풍전등화 같던 행복도 끝났다.

나는 종종 그들을 생각한다. 고대의 우월한 문명도 서구 자본주의의 탐욕과 침식을 막지 못했다. 내가 알고 있는 이라크는 포화 속에서도 사라지지 않는 나라였다. 과거에는 희망이 가득했던 나라. 나는 그곳에 살고 있는 친구들에게 연락할 방법을 다양한 루트로 알아보았지만 이후로는 만날 수 없었다.

내가 방문했던 당시 바그다드에서 유통되던 지폐는 2002년에 발행한 이라크디나르 시리즈였다. 앞면은 일률적으로 사담 후세인의 측면 초상화였고, 뒷면은 고대 문명의 긍지를 느낄 수 있는 디자인이었다.

- 가운데 – 2002년 이라크가 발행한 100이라크디나르. 앞면은 후세인의 초상화다.
- 위, 아래 – 2002년 발행한 25, 100, 250, 10,000이라크디나르. 뒷면의 주제는 각각 이슈타르의 문, 옛 바그다드 시가지, 알 악사 모스크, 무스탄시리야 대학이다.

지폐에 인쇄된 후세인, 웅장한 이슈타르의 문(Ishtar Gate), 옛 바그다드 시가지, 예루살렘의 알 악사 모스크와 유구한 역사를 지닌 무스탄시리야 대학을 볼 때마다 나는 즐거웠던 일주일을 떠올린다. 그리고 바그다드가 마지막으로 화창했던 날들과 무력의 비애를 생각한다.

리비아

재스민 혁명[26]의 영향으로 2011년 리비아 내전이 발발했다. 42년 동안 이어진 군사 독재로 카다피는 아랍 세계의 최장기 집권 독재자가 되었지만, 사실 그는 1969년 종교와 호국을 부르짖는 민족 영웅의 모습으로 등장해 중하계급 장교와 민중의 열렬한 지지를 받았었다. 시르테 주의 초라하지만 고도로 신격화된 카다피 기념관(지금은 존재하지 않을 것이다)에서 당시의 열광적인 숭배를 느낄 수 있었다. 기념관에서는 카다피가 녹색 혁명 당시 행한 격앙된 연설 녹음이 끊이지 않고 흘러나왔다.

"위대한 리비아 인민이여! 자유에 대한 갈망과 고귀한 희망을 실현하려면 개혁과 청렴을 요구하고 혁명과 저항을 부르짖으라. 당신

26. 2010년 12월 북아프리카 튀니지에서 발생한 민주화 혁명. 튀니지의 국화(國花)인 재스민의 이름을 따서 재스민 혁명이라 불린다. 아랍 및 아프리카 지역에서 민중봉기로 독재정권을 무너뜨린 첫 사례로서 이집트, 시리아를 비롯한 주변 국가로 민주화운동이 확산되는 계기를 마련하였다.

들의 군대는 반동적이고 부패하고 낙후된 정권을 전복시켰고, 암흑의 시대는 과거로 사라졌다. 지금부터 전지전능한 알라의 이름으로 리비아는 자유민주공화국이 되었음을 선포한다."

하지만 공화국이라는 최초의 이상은 중도에 부패해버렸고, 리비아 정부는 결국 군사 과두정권이 되었다.

카다피는 1980년대에 정식으로 지폐에 등장했다. 리비아 독립의 아버지 오마르 알 무크타르(Omar el Mukhtar)의 종적을 맹목적으로 따르던 카다피는 지폐에 인쇄된 자신의 초상화를 진보적이며 자유롭고, 마치 이웃집 아저씨처럼 민중과 함께하는 소탈한 모습으로 특별히 설정했다.

그러다 2002년 발행한 20디나르에서는 안하무인격인 자부심을 고스란히 드러냈다. 이 지폐의 앞면은 인류 역사상 가장 방대한 공정의 '리비아 대수로 공사(Great Man Made River: GMMR)'다. 리비아 대수로는 고대 그리스 신화의 파에톤(Phaëton)이 태양신의 전차를 몰다가 추락했다는 이글거리는 대지, 바로 오늘날의 시리아에서 수단으로 이어져 에티오피아의 사하라 내륙까지 연장되는 관개 시설로, 우주에서도 선명하게 보인다. 관개 시설은 170만 평방미터에 달하는 불모지대에 시원한 물줄기를 가져다주었다. 리비아 대수로 공사에는 대략 250억 달러의 자금이 투입되었는데 이는 리비아가 유럽 각국과의 석유, 중공업 및 무기 교역을 통해 마련한 것이다.

뒷면은 1999년 아프리카 통일연맹 정상회의 때 카다피가 석유 수출에 힘입어 '혁명 지도자이자 리더들의 형제'로서 아프리카 지역의 리더를 자처하고 있는 모습이다.

- 위 – 2002년 리비아에서 발행한 1디나르.
- 가운데 – 2009년 신판 20디나르.
- 아래 – 2008년의 50디나르.

  세 지폐 모두 독재자의 모습을 그대로 드러내고 있다.

카다피의 독재 정치 체제는 겉으로는 민주주의를 표방하는 위선자의 관용 및 거짓된 자유경제를 바탕으로 굳건히 세워진 것이었다.

2008년 카다피는 더욱 오만한 모습을 보였다. 스스로를 강하게 긍정하고 자신감 넘치는 발언을 일삼았다. 밑으로 늘어진 입언저리와 선글라스는 리비아 독재자의 교만과 난폭함을 그대로 드러냈다.

3년 후 전 세계는 인터넷 생방송을 통해 독재자의 말로를 지켜보았다.

김일성, 후세인, 카다피와 이디 아민(우간다의 전 대통령으로 '스코틀랜드 왕'이라고 자칭했음), 니아조프(투르크멘의 전 대통령), 모부투(지금은 사라진 자이르공화국의 전 대통령) 등의 독재자들은 항상 다양한 모습으로 지폐에 출현했다. 이들은 지폐를 통해 자신을 영리하게 드러내는 한편 교묘하게 숨겼다. 그들은 더 이상 국민들을 외부 세계와 단절시키지 않았다. 오히려 국민들에게 표면적이고 계획된 자유를 더 많이 부여해 허구의 민주주의에서 살아가게 만들었다.

독재자가 인쇄된 지폐는 항상 우리를 일깨운다. 세상은 이렇듯 불완전하지만, 아직도 수많은 가능성이 있고 이를 위해 분투할 가치가 있다고 말이다.

World history of banknotes

14

코스타리카 · 방글라데시 · 과테말라 · 기니비사우 · 마다가스카르 · 에리트레아 · 스웨덴 · 인도 · 라오스

평온하고 안정적인 대지를 사모하며

Costa Rica · Bangladesh · Guatemala · Guinea Bissau · Madagascar · Eritrea · Sweden · India · Laos

1975년 코스타리카에서 발행한 5콜론 지폐의 앞면 일부

땅은 너로 말미암아 저주를 받고 너는 네 평생에 수고하여야 그 소산을 먹으리라. 땅이 네게 가시덤불과 엉겅퀴를 낼 것이라. 네가 먹을 것은 밭의 채소인즉…….
-《구약성경》 창세기

코스타리카의 수도 산호세에 위치한 코스타리카 국립극장은 시가지에서 드물게 볼 수 있는 스페인 식민지 스타일의 건축물이다. 신고전주의가 충만한 입면 설계는 비록 단조롭기는 하지만 여전히 코스타리카가 자랑스럽게 여기는 역사적 랜드마크다.

1897년 극장이 완공되었을 때 이곳은 부유한 사람들이 매일 밤 드나들며 노래를 부르는 클럽에 불과했다. 대부분의 시민은 웅장하고 화려한 극장의 외부를 감상할 수밖에 없었다. 커피와 바나나 무역으로 부자가 된 신귀족계층은 거금을 들여 유럽에서 건축가와 화가를 초빙해와 영광스러운 극장을 장식했다. 그중 화가 빌라(Aleardo Villa)는 손님을 맞이하는 극장 홀에 〈커피와 바나나의 풍

코스타리카의 수도 산호세에 위치한 코스타리카 국립극장

자〉라는 제목의 천장화를 그렸다.

그림 속 사람들은 즐겁게 웃으며 저마다 과일이 가득한 광주리와 커피콩을 담은 자루를 들고 무역선을 향해 걸어가고 있다. 몇 주 후 이 배들은 샌프란시스코, 뉴욕, 로테르담 같은 도시에 정박해 이국적인 향기를 뿜어냈고, 이로 인해 코스타리카를 비롯한 신대륙 국가들은 큰 이익을 얻었다. 그림 속의 낙관적이고 고양된 분위기에서 사람들은 지금까지도 19세기 말의 부르주아적인 낭만과 천진함을 느낄 수 있다.

1975년 코스타리카 중앙은행이 특별 발행한 5콜론(Colón) 기념지폐는 바로 〈커피와 바나나의 풍자〉가 주제다. 과거와 현대를 관통해 '농업'의 중요성을 강조하고 있다. 21세기 첨단 문명의 시대에 농업 기조의 문화가 다소 뒤떨어지고 낯설게 보일 수도 있겠지만

빌라의 천장화 작품 〈커피와 바나나의 풍자〉

코스타리카가 행복지수 1위 국가라는 점을 명심해야 한다. 코스타리카는 밝고 진취적인 자세로 지금도 계속해서 전진하고 있다.

농업을 뜻하는 영어 'Agriculture'의 어원은 라틴어의 Agricultūra로, 이는 '토지(Agri)'의 '경작(cultūra)'을 의미한다. 아득한 옛날, 길고 긴 유랑생활을 하던 사람들은 평온하고 안정적인 삶을 희망했다. 그래서 한곳에 정착해 동물을 길들이고 식물을 키우며 토지에

1975년 발행한 코스타리카의 5콜론 지폐. 뒷면은 빌라의 천장화가 주제다.

대한 애착을 갖게 되었고, 그 결과 농업이 시작되었다. 이어 신석기 시대 농업 혁명으로 문명이 발생했고, 이는 환경과 역사에 깊은 영향을 끼쳤다. 21세기가 된 오늘날에도 농업 기술 혁명은 현재진행형이라 할 수 있다.

고고학적 증거에 따르면 인류는 기원전 1만 2500년 이집트와 기원전 1만 년 동남아시아에서 씨를 뿌리고 작물을 수확하기 시작했다. 그러다 기원전 7000년 즈음 중동 지역의 '비옥한 초승달 지대(Fertile Crescent)'에서 비로소 농업도시가 대량으로 출현했다. 주요 작물은 밀과 보리, 콩류였다. 지구의 다른 한편에서도 농업이 발전하기 시작했는데 기원전 5000년부터 3000년까지 신대륙에서는 옥수수와 콩류, 호박 등 박과(科) 식물을 주로 재배했다. 경작 초기에는 간단한 호미나 뒤지개를 사용하고 짐승의 힘을 빌렸을 뿐 정교한 보조 기구는 존재하지 않았다.

쌀이 주식인 방글라데시공화국은 여행 사이트 '트립 어드바이저(Trip Advisor)'에 따르면 전 세계에서 가장 밥을 좋아하는 나라다. 방글라데시에서는 한 사람이 매일 평균 473그램의 쌀을 섭취한다. 참고로 대만은 132그램(42위)으로 이는 돼지고기 덮밥 한 그릇 분량에 해당한다.

이렇듯 쌀 소비량이 많지만 2014년부터 방글라데시에서 발행하고 있는 50타카(Taka)를 보면 여전히 원시적인 농경 기술을 이용한다는 사실을 발견할 수 있다. 물소가 평판(平板)[27]을 끌며 논에서 수

27. 모판을 평평하게 고르는데 사용하는 기구.

고스럽게 일하는 모습이 담겨 있다.

농기구 제작과 경작 기술은 다르지만 아프리카 사람들도 쌀을 경작한다. 아시아에서는 물소를 자주 볼 수 있는데 아프리카에서 물소는 나일강 삼각주에만 존재한다. 아프리카에서는 다양한 지역에서 각기 다른 동물의 도움을 받는다. 동아프리카와 마다가스카르에서는 제부(Zebu, 인도혹소)를 길들여 농경에 사용한다. 제부의 가장 큰 특징은 등 부분에 우뚝 솟은 혹인데, 경작할 때뿐만 아니라 일상생활 곳곳에서 사용된다. 제부는 수레를 끌고, 그 젖이나 고기는 식용으로 사용하므로 낭비가 거의 없는 동물이다.

한편 사하라 사막과 홍해 연안에서 농민들은 때로 낙타를 길들여 밭농사에 활용한다. 가장 대표적인 나라는 에리트레아다.

공업 기술이 발전하면서 집약화 · 기계화된 경작이 전통적인 방식을 대체하고 있다. 기계 농업을 지폐 도안으로 사용하는 경우도 있는데, 이것은 국가가 의도적으로 자국의 현대화를 세계에 과시하는 동시에 국민에게 '더 좋은 내일'을 암시하는 것이다.

곡식뿐만 아니라 과일도 농업 경제의 중요한 일환이자 풍요의 상징이다. 일찍이 메소포타미아 문명의 모자이크 상감에서는 포도와 사과가 풍요롭고 성대한 생활을 의미했다. 르네상스 이후 명문 귀족들은 종종 집을 새로 짓고 나면 과일이 풍성하게 그려진 그림을 걸어놓아 유복하고 여유로운 생활을 뽐냈다.

지금은 사라진 유고슬라비아 왕국(1918-1943)이 1930~1940년대에 발행한 디나르(Dinar) 지폐에도 풍부한 과일이 등장하는데, 강대한 세력을 지닌 대국의 득의양양한 우아함을 엿볼 수 있다.

NAKFA · 20 · TWENTY NAKFA · 20 · TWENTY NAKFA · 20 · TWENTY NAKFA · 20 · TWENTY NAKFA

BANGLADESH BANK
2014
FIFTY TAKA
৫০
50
বাংলাদেশ ব্যাংক

5000 BANCO NACIONAL DA GUINÉ-BISSAU 5000
5000 CINCO MIL PESOS 5000

20 BANK OF ERITREA 20
20

500 BANKY FOIBEN'I MADAGASIKARA 500
FRANCS
LE GOUVERNEUR
ARIARY ZATO

500 BANQUE CENTRALE DES ETATS DE L'AFRIQUE DE L'OUEST 500
BCEAO
LE GOUVERNEUR
LE PRÉSIDENT DU CONSEIL DES MINISTRES
Les auteurs ou complices de falsification ou de contrefaçon de billets de banque seront punis conformément aux lois et actes en vigueur.

1) 2014년 방글라데시가 발행한 50타카. 원시적인 경작 기술을 볼 수 있다.
2) 1975년 기니비사우에서 발행한 5,000페소. 초기의 농경이 주제다.
3) 1997년 에리트레아에서 발행한 20낙파. 낙타를 농경에 활용하는 모습을 볼 수 있다.
4) 1994년 마다가스카르에서 발행한 500말라가시프랑. 제부가 밭을 가는 모습을 볼 수 있다.
5) 1991년 서아프리카에서 발행한 500프랑.
6) 1989년 스웨덴에서 발행한 1,000크로나. 북유럽 국가에서 농작물을 수확하는 광경을 살펴볼 수 있다.
7) 2002년 인도가 발행한 5루피.
8) 2006년 과테말라가 발행한 50깨짤. 커피를 수확하는 모습이 담겨 있다.
9) 1968년 라오스가 발행한 500키프. 등에 총을 메고 농사를 짓는 아낙네들의 모습을 볼 수 있다.

• 유고슬라비아 왕국이 1941년 발행한 1,000디나르 및 1934년 발행한 100디나르.
풍성한 과일은 왕성한 국력을 상징한다.

• 1942년 프랑스가 발행한 50프랑 및 100프랑. 목가적인 풍경을 담고 있다.

마지막으로 우리는 지폐를 통해 번잡한 세상을 떠나 조용한 전원 속에서 순수함을 되찾을 수 있다. 1940년대 프랑 지폐에는 무릉도원 스타일의 목가적 풍경이 담겨 있다.

지폐에 인쇄된 농업 활동을 보면서 우리는 인간과 자연간의 의존 관계, 그리고 서로에게 끼치는 영향에 대해 생각해볼 수 있다. 인류는 자연을 필요로 하지만, 자연은 반드시 인류를 필요로 하지 않는다는 점을 명심해야 할 것이다.

15
캄보디아

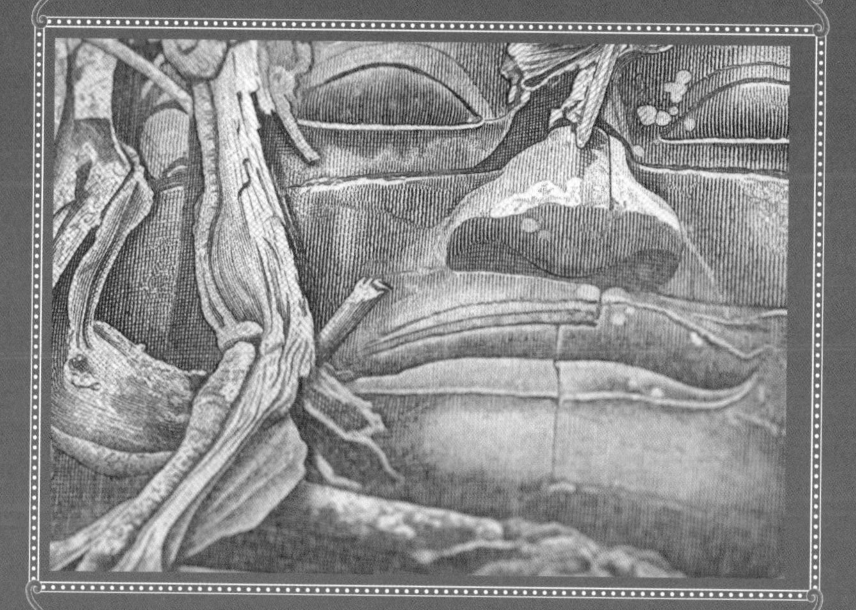

속세의 흥망성쇠를 모두 지켜본 앙코르의 미소

Cambodia

1955년 캄보디아 왕국에서 발행한 100리엘 지폐의 뒷면 일부

전쟁이 끝나고 들판에 널브러진 시체들은 사라졌다. 분노와 위협의 표정도 모두 사라졌고, 오로지 평온한 미소만이 남았다. 그 미소는 석양 속에서 사방으로 퍼져나갔다.
- 장쉰, 《앙코르의 미(美)》

자욱한 안개 속 신비한 미소는 아스라한 저녁노을 아래 멀리 퍼져나갔다. 마치 그리움을 불러일으키는 잔잔한 물결이 한 차례씩 몰려와 넓은 하늘을 조용히 배회하는 듯했다.

앙코르의 고도는 반세기에 걸쳐 자신감과 긍지를 유지해왔다. 쇠퇴한 성벽, 황폐한 수로, 몰락한 사원이나 얼룩덜룩한 황궁보다 넝쿨 사이로 숨었다 나타났다 하는 거대하고 장중한, 그리고 온화하면서도 풍부한 매력을 지닌 앙코르의 미소가 여행자의 마음을 완전히 사로잡았다.

1996년 여름, 나는 가난하지만 낙천적인 고대 왕국의 메마른 땅에 첫발을 내디뎠다. 그때 내 눈앞에 펼쳐진 광경은 철없는 청춘이었던 나의 영혼을 뒤흔들고 깊은 충격을 주었다. 오랜 전쟁에서 막 벗어난 나라는 수줍은 자태로 나를 맞아주었다. 캄보디아는 신기하고도 낯선 외부 세계의 문화가 일상에 스며들기 시작했고, 몽유병자 같은 사람들의 발걸음은 마치 이탈리아 작가 루이지 피란델로(Luigi Pirandello)가 묘사한 내면극의 등장인물처럼 유서 깊은 대지를 제멋대로 노닐고 있었다.

나는 기둥 사이로 스며드는 햇빛에 의지해 앙코르와트 사원의 긴 복도를 걸었다. 그곳에서 본 부조를 영원히 잊을 수 없을 것이다. 벽에는 위엄 있는 천신 비슈누와 흉포한 악마 아수라가 불로불사의 감로수를 쟁탈하기 위해 각자의 군대를 거느리고 유해(乳海)를 휘저었다는 신화가 정교하고 세밀하게 새겨져 있었으며, 대담하고 전위적인 구도로 표현되어 있었다. 마치 신화시대에 벌어진 이계(異界)의 전쟁이 눈앞에서 생생하게 펼쳐진 것 같았다.

그러나 진정으로 내 마음속에 깊이 각인된 것은 길고 긴 세월 동안 여행자들에게 '앙코르의 미소'라 불리는 유적이었다. 미소의 주인공은 자야바르만7세(1125-1218)로, 크메르 제국의 가장 명성 높은 통치자였다. 그는 다란인드라바르만2세의 장자였지만 왕자의 난에서 동생 야소바르만2세에게 패배했다. 그러나 무능했던 새로운 왕은 나랏일에 무지했고, 대규모의 민란과 쿠데타가 연이어 발생했다. 결국 야소바르만2세는 집권 6년 만에 권세를 잡은 신하에게 살해당하고 말았다.

1177년 참파국(현재의 베트남)의 군왕 자야 인드라바르만4세는 난을 틈타 크메르 제국을 침략해 당시 국왕이었던 트리부바나디티야

기둥 사이로 햇빛이 스며드는
앙코르와트 사원의 긴 복도

미소 짓는 '자야바르만 7세의 두상'
(파리 기메 미술관 소장)

바이욘에 있는 '앙코르의 미소'

바르만을 죽이고 수도와 황궁을 약탈했다. 이때 이미 50세가 넘었던 자야바르만7세는 사람을 모아 참파국 군대에 대항했다. 4년에 걸친 피비린내 나는 전쟁 끝에 자야바르만7세는 참파국 군대를 국경 밖으로 몰아냈고, 이때부터 왕좌에 올라 이후 30여 년간 지속된 문치무공의 황금시대를 열었다.

문헌에 따르면 자야바르만7세는 93세까지 살았다고 한다. 기나긴 삶의 여정에서 그는 태평성대를 누리기도 했고, 망국의 슬픔과 무정한 살육도 겪었다. 그러나 크메르 제국은 결국 그의 손에서 흥성했고, 중세 최후의 찬란한 시대를 맞이했다.

어쩌면 그는 너무 피곤하고 지쳐서 그저 눈을 감고 잠깐이라도 세상에서 벗어날 수 있는 순간을 누리기를 원했을지도 모른다. 자야바르만7세는 앙코르톰(Angkor Thom)을 증축했고, 부친과 모친을 기리기 위해 각각 프레아칸(Preah Khan)과 타프롬(Ta Prohm)을 건설했다. 그리고 자기 자신을 위해 바이욘(Bayon)을 지었다. 바이욘은 대승불교 사원으로, 캄보디아 최후의 국가 사원이자 유일한 대승불교 사원이다.

총 길이가 1200미터에 달하는 바이욘의 부조에는 1만 2000명의 인물이 생동적으로 묘사돼 있다. 중앙 사당에는 사면체 얼굴상 탑 49대(현재는 37대만 잔존)가 자리하고 있고, 주위의 문탑 5대를 합하면 총 54대의 사면체 얼굴상 탑이 세워져 있다. 자야바르만7세를 모델로 한 216개의 앙코르의 미소는 번잡한 속세를 내려다보고 있다. 비록 크메르 제국은 멸망했지만 밀림 깊은 곳에 자리한 자야바르만7세의 미소는 여전히 아름다운 세상이 도래하기를 기다리고 있다.

캄보디아는 1887년부터 프랑스의 지배를 받게 되었다. 프랑스령 인도차이나 시대(1887-1954)에 발행된 피아스터(Piastre) 지폐는 '앙코르의 미소'를 새로운 주제로 삼았다. 1954년 프랑스의 식민 통치에서 벗어난 뒤에는 화폐 단위를 리엘(Riel)로 변경했다. 그러나 새로운 정부도 여전히 '앙코르의 미소'를 지폐의 도안으로 애용했다.

1973년 발행된 1,000리엘은 조금 다르다. 지폐의 뒷면은 여전히 '앙코르의 미소'가 주제지만, 이는 모두에게 익숙한 바이욘이 아닌, 타솜(Ta Som)이라 불리는 다란인드라바르만2세의 묘다. 프랑스의 탐험가 앙리 무오(Henri Mouhot)[28]가 앙코르 유적지에 들어갔을 때도 수많은 두상이 이처럼 넝쿨에 뒤엉킨 상태였을 가능성이 높다.

---

28. 1860년 앙코르 와트를 발견해 유럽에 알린 인물.

- 위 – 프랑스령 인도차이나가 1932년 발행한 5피아스터.
- 아래 – 1939년 발행된 20피아스터.
  두 지폐 모두 지배국과 현지의 문화 요소가 융합되어 있으며, 뒷면은 '앙코르의 미소'를 주제로 삼았다.

- 위 – 프랑스 식민 통치에서 벗어난 후 캄보디아 왕국이 1955년 발행한 100리엘.
- 아래 – 1962년 발행된 5리엘.
  식민지 시절 뒷면에 인쇄됐던 '앙코르의 미소'가 앞면으로 이동했다.

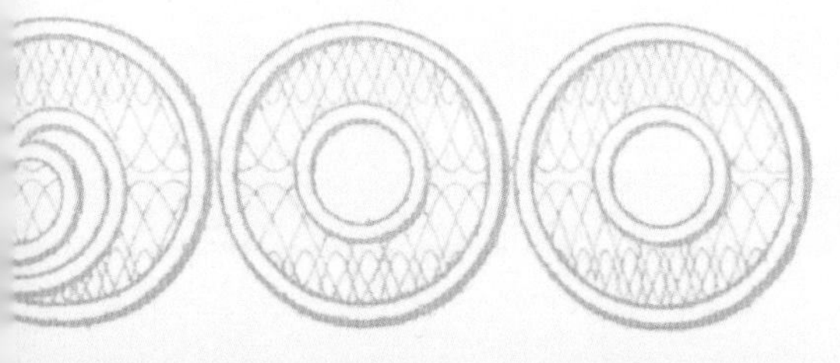

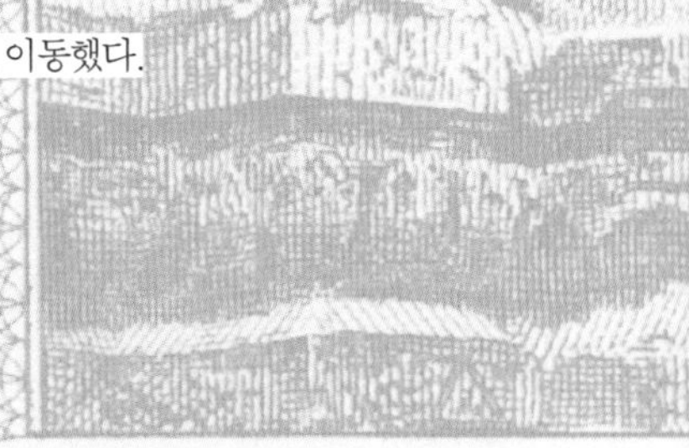

2949

1973년 캄보디아가 발행한 1,000리엘 지폐. 뒷면에는 타솜의 '앙코르의 미소'가 자리하고 있다. 앞면에는 캄보디아의 밝은 미래를 기대하듯 여학생이 환하게 웃고 있다.

1,000리엘이 과거 지폐와 크게 다른 점은 앞면의 도안이다. 앞면에는 또 다른 미소가 등장한다. 바로 희망이 가득하고 낙관적인 기개가 돋보이는 여학생의 미소다. 여학생은 자신감과 긍지가 충만한 얼굴로 침착하면서도 긍정적인 광채를 발하고 있다. 캄보디아 국민들은 빛나는 미래가 머지않았음을 믿고 있었던 것이다.

당시 20세기 역사상 가장 피비린내 나고 잔인무도한 시기가 곧 도래할 거라고 생각한 사람은 아무도 없었다. 1970년 3월 18일 친미(親美) 성향의 론 놀(Lon Nol) 장군은 쿠데타를 일으켜 캄보디아 군주제를 폐지시켰다. 친공(親共) 정책을 펴던 국왕 노로돔 시아누크(Norodom Sihanouk)는 중국 베이징으로 망명했다.

하지만 이 시기에 캄보디아 공산당(크메르 루즈)은 '농촌으로 도시를 포위하는' 전략을 실행해 나가며 점차 세력을 확장했고, 1975년 4월 마침내 수도 프놈펜을 장악했다. 악성 통화 팽창과 내전을 앞에 두고 론 놀은 결국 무능한 공화국 정부의 포기를 선언하고 황급히 도망쳤다. 그리하여 크메르 루주가 캄보디아를 인수해 관할하게 되었고 3년 8개월에 이르는 근대 역사상 가장 냉혈하고 잔혹한 극좌 통치가 시작되었다.

크메르 루주는 과거 발행된 화폐의 실효를 선포했다. 정교하게 인쇄된 지폐를 한 광주리씩 도시의 광장에 모아놓고 불태워버렸고, 국민들은 하루아침에 중산층에서 빈민으로 전락했다. 이어진 계급 투쟁과 종족 숙청이라는 전대미문의 참상은 점차 캄보디아를 돌이킬 수 없는 지옥의 심연으로 몰아넣고 말았다.

캄보디아 국민들은 순진하고 선량한 미소를 잃었다. 론 놀 집권

- 위 – 1956년 발행된 50리엘. 뒷면의 주제는 앙코르와트다.
- 아래 – 1973년 발행된 100리엘 뒷면. 앙코르톰을 주제로 하고 있다.

이전의 캄보디아는 동남아에서 발전 잠재력이 가장 큰 나라로 인정받았었다. 그러나 1970년대 직전까지 경제력을 지니고 있었던 캄보디아와 베트남 화교들은 크메르 루주 통치 기간에 자본을 대량으로 철수했다. 그 결과 캄보디아 대신 싱가포르가 번영하게 되었다.

그로부터 30여 년이 지난 지금, 고난을 겪었던 캄보디아는 막 수렁에서 벗어나려는 중이다.

16
프랑스

전통을 중시한 예술가들의 향연

France

1943년 프랑스가 발행한 1,000프랑 지폐의 뒷면 일부

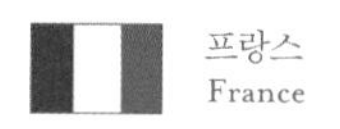

삶은 계속 이어지는 독립적인 단편에 불과하다. 기억과 상상을 통해 수많은 의미가 떠올랐다 사라지고, 사라졌다 다시 떠오른다.
– 마르셀 프루스트, 《잃어버린 시간을 찾아서》

루브르 박물관의 유리 피라미드 지하 입구는 아직 개방 전인데도 몹시 붐볐다. 여기저기서 몰려든 사람들 사이로 초조한 공기가 자욱했다.

드디어 문이 열리자 조급한 사람들은 마치 해일처럼 박물관 입구로 들이닥쳤다. 대부분의 관광객은 소위 '3대 명작'인 〈미로의 비너스〉, 〈승리의 여신〉, 〈모나리자〉 앞에 벌 떼처럼 몰려들어 경건한 마음으로 감상했다. 그런 다음 열심히 기념 촬영을 하고 패스를 찍고 재빨리 루브르 박물관을 떠나 다음 관광명소로 향했다.

나는 될 수 있는 한 인파를 피해 발길 닿는 대로 나아갔다. '상대적'으로 관광객이 적은 리슐리외 윙(Richelieu Wing) 후방의 별채에

루브르 박물관 리슐리외 윙 후방에 위치한 별관

들어가 휴식을 취하며 잠시나마 소란스러운 상황에서 벗어났다. 지명도가 비교적 높은 드농 윙(Denon Wing)보다 리슐리외 윙은 훨씬 분위기가 여유롭고 자유로웠다.

나는 이곳에 전시된 르네상스 시대 이후의 프랑스 회화 작품을 무척 좋아한다. 단색만으로 음영을 표현한 소묘는 물론, 시원한 수채화에서 농후하고 우아한 유화에 이르기까지 모든 작품이 망라되어 있다. 만약 루브르 박물관에 좀 더 머무를 수 있다면 후방 별채에 연결된 복도를 지나 드농 윙에 들어가서 바로크 및 로코코 시대의 회화 작품을 감상하며 프랑스 회화의 지도를 그려보는 것도 좋다.

프랑스 회화 예술을 감상하는 데 있어 16세기는 괜찮은 출발점이라 할 수 있다. 프랑스 국왕 프랑수아1세는 르네상스 절정기를 맞은 이탈리아에 뒤지지 않도록 국가 차원의 아낌없는 후원으로 예술을 부흥 · 발전시키고자 했다. 그러나 프랑스 내에서는 그의 장엄한 계획을 실현할 미술적 전통이 부족했기 때문에 이탈리아 예술가를 초청해 퐁텐블로 궁전을 장식할 회화의 제작과 기술 전수를 맡겼다. 이로써 훗날 '퐁텐블로파[29]'가 출현하게 되었다.

29. 16세기 프랑스의 퐁텐블로성을 중심으로 활약한 화파.

이탈리아에서 시작된 르네상스는 프랑스 화단에 깊은 영향을 주었다. 그러나 프랑스 화가들은 이탈리아 르네상스 회화의 다양한 기법을 충분히 이해한 다음, 자신의 작품에 프랑스 현지의 문화적 요소를 첨가했다. 자세히 관찰해보면 프랑스 회화는 동시대의 네덜란드, 스페인, 이탈리아 화가의 작품과 큰 차이가 있음을 발견할 수 있다. 우아하고 아름다우며 섬세한 프랑스 회화의 배후에는 외부에 알려지지 않은 의연한 고집이 있다.

순간을 영원으로 변화시키는 샤르댕(Jean-Baptiste-Siméon Chardin)의 정물화에는 '깊고 고요한 죽림에 앉아 거문고를 타며 휘파람을 부네'[30]와 같은 평온함과 만족감이 있다. 풍요롭고 심오한 느낌을

익명의 퐁텐블로파 화가가 그린 〈가브리엘 데스트레와 그 자매〉

드 라 투르의 작품 〈마담 드 퐁파두르〉

잘 드러낸 바토(Jean-Antoine Watteau)의 작품에는 '그 정이 추억이 되기를 기다리며 지금은 그저 실의에 빠져있네'[31]처럼 속세를 통달한 느낌이 있다. 그리고 프라고나르(Jean-Honoré Fragonard)의 〈그네〉(1767)에는 즐거움 속에 '무한히 아름다운 석양'에 대한 애수가 함축되어 있고, 드 라 투르(Maurice Quentin de La Tour)가 묘사한 〈마담 드 퐁파두르〉(1755)의 온화하고 고상한 자태에는 '봄이 올 때마다 느껴지는 슬픔'이 담겨 있다.

모든 작품에는 관람자에게 의문을 남기는 무한한 심사가 숨겨져 있는 듯하다.

열정과 냉정 사이를 배회하는 프랑스 회화는 장중하고 엄숙한 종교적 느낌을 배제하는 대신 부드러운 인간미를 더했다. 색채를 자유롭게 사용해 인간의 가장 진실한 면모와 말로는 표현할 수 없는 심오함을 드러내고 있다.

---

30. 왕유의 시 〈죽리관〉의 일부분.
31. 이상은의 시 〈금슬〉의 일부분.

센 강 왼쪽에 위치한 오르세 미술관에는 프랑스의 창작 스타일을 고도로 세밀한 아름다움의 경지로 끌어올린 회화 작품들이 소장돼 있다. 오르세 미술관은 대중에게 익숙한 인상파 작품으로 유명하지만 19세기 프랑스 아카데미즘(Academism)의 본거지이기도 하다.

아르 퐁피에(Art Pompier), 절충주의(Eclecticism), 역사주의(Historicism) 혹은 융합주의(Syncretism)라고도 불리는 아카데미즘은 엄격한 회화 기교, 정밀한 색채 사용을 통해 숭고하면서도 복고적인 느낌으로 사랑을 표현했고, 조화와 균형을 갖춘 이상적 아름다움을 드러냈다. 또한 아카데미즘 작품에서는 전통에 대한 이해와 존중도 볼 수 있다. 브르통(Jules Breton)이 1859년 발표한 작품 〈이삭을 줍고 돌아오는 여인들〉은 섬세하면서도 힘 있는 필치로 국가, 정치, 종교에 대한 화가의 확고한 신념을 전달한다. 뿐만 아니라 인간과 토지에 대한 관심도 담겨 있다.

프랑스 아카데미즘을 대표하는 알렉상드르 카바넬의 1863년 작품 〈비너스의 탄생〉

브르통의 작품 〈이삭을 줍고 돌아오는 여인들〉

박물관이나 화랑에서만 프랑스 예술의 아름다움을 만날 수 있는 건 아니다. 프랑스 지폐는 풍부한 색채와 고상한 풍격을 드러내는 또 다른 예술이라 할 수 있다. 프랑을 디자인한 역대 예술가들은 프랑스 회화 전통의 섬세하고 단아한 아름다움, 그리고 개방성과 생동감 넘치는 풍모를 프랑 지폐에 녹여내기 위해 최선을 다했다.

1957년 이전의 프랑은 아카데미즘의 유미주의 형식을 띠고 있었다. 이는 프랑스 국가은행이 1941년부터 1950년까지 발행하고 유통한 프랑 시리즈로, 액면가가 낮은 5, 10, 20프랑에는 순수한 전원 풍경이 인쇄되어 있다. 그림에는 남녀노소의 모습이 자주 등장하는데 그들의 동작과 표정에는 여유와 만족감이 드러난다.

반면 액면가가 높은 100, 500, 1,000프랑은 철학자 데카르트(René Descartes)와 루이14세 시대의 정치가 콜베르(Jean-Baptiste Colbert)를 비롯해 전설 속의 천사, 상업의 신 머큐리, 지혜의 여신 미네르바, 결혼과 가정의 여신 유노를 도안으로 삼았다.

1941년 프랑스가 발행한 5프랑 및 20프랑.
평범한 사람들을 주제로 여유와 만족스러움을 묘사하고 있다.

100
BANQUE DE FRANCE
100
100

1000
BANQVE DE FRANCE
1000
1000
L.3756
LE CONTROLEUR GÉNÉRAL
LE CAISSIER GÉNÉRAL
LE SECRÉTAIRE GÉNÉRAL
L.3756
474

• 왼쪽 위 – 1943년 프랑스가 발행한 100프랑. 뒷면에는 천사가 등장한다.
• 왼쪽 아래 – 1943년 발행한 1,000프랑. 뒷면은 상업의 신 머큐리다.
• 아래 – 1942년 프랑스가 발행한 5,000프랑의 뒷면. 프랑스 여신과 이국적인 풍경이 묘사되어 있다.

마지막으로 최고의 액면가와 최대의 크기를 자랑하는 5,000프랑의 앞면에는 프랑스를 상징하는 프랑스 여신이 묘사되어 있다. 전 세계 각지에서 온 진귀한 화초가 도안 전체를 둘러싸고 있고, 여신 아래에는 각각 아프리카, 인도차이나, 아랍을 상징하는 인물의 초상이 그려져 있는데 그들의 표정에는 자신감이 흘러넘친다.

뒷면에는 프랑스 여신이 대칭으로 인쇄되어 있는데 이는 프랑 지폐가 애용하는 위조 방지 기술이다. 또한 식민지 풍경을 배경으로 천연의 해만(海灣)과 번화한 항구, 풍요로운 산물이 황홀할 정도로 이국적인 풍채와 프랑스의 긍지를 드러낸다.

시간은 순식간에 흘러간다. 세계에서 두 번째로 큰 제국이었던 프랑스는 시대의 흐름에 따라 와해되었고, 찬란한 시대에서 평범한 시대로 돌아갔다. 유일하게 프랑 지폐 속에만 풍요롭고 영화로운 광경이 남았다.

오랫동안 사람들은 자부심 강한 프랑스 아카데미즘 화가들을 '잘난 척하고', '시대에 뒤떨어진 것을 답습하고', '허풍만 가득한' 부정적인 일면의 대명사로 여겼다. 그러나 예술사를 돌아보면 가치가 말살되거나 오명을 얻은 회화 유파는 결코 흔하지 않다. 아카데미즘 예술은 역사 속 히브리 민족과 마찬가지로 철저하게 암흑에 가려졌었다.

시간을 19세기로 되돌려보자. 이 시기에 인상파 화가들은 시각 예술을 최대한 발전시켰고, 자연적인 상태의 빛과 그림자, 동작을 묘사하는 새로운 회화 기법을 탄생시켰다. 또한 그들은 세부적인 묘사를 중시하는 대신 형상의 의미를 탐구했다. 인상파 화가들은 바쁜 걸음으로 지나가는 길거리의 여자, 맑고 깨끗하게 반짝이는 강 표면의 빛, 바람에 흔들리는 황금빛 이삭 물결 등 다양한 주제를 통해 순간의 영원함을 포착하려 했고 감성의 만족에 치중했다.

반면 동시대에 활약한 아카데미즘 화가들은 역사, 문화에 대한 성찰이 깊고, 국가 혹은 종교에 숭고한 이상과 신념을 품고 있었다. 정신적인 면에서 아카데미즘 화가들은 사회에 강렬한 도덕적 사명감을 가지고 있었다. 그들은 '사고'의 역량을 믿었으며 '지적인' 희열을 강조했다. 아카데미즘 예술가들은 고대 서적, 문학과 시가에 익숙한 엘리트였다. 당시 졸라, 보들레르, 위고, 발자크 등 프랑스의 문인들은 종종 아카데미즘 예술가들과 모임을 갖고 철학적이고 심오한 대담을 나누었다.

프랑스 아카데미즘과 인상파의 가장 큰 차이점을 알려면 두 학파가 국가, 정치, 사회문제에 얼마나 깊이 참여했는지 살펴보아야 한다. 1870년에 일어난 프로이센-프랑스 전쟁을 예로 들어보자.

전쟁이 발발했을 때 아카데미즘 화가들은 붓 대신 총을 들고 나라를 지켰다. 연장자들은 국민과 군대를 위해 자금을 기부했으며, 혈기 왕성한 젊은이들은 최전선에서 정규 군인으로 복무했다. 유미한 화풍의 자메 티소트(James Tissot)와 에두아르 드타일(Édouard Detaille), 〈잔 다르크〉로 유명한 라이오넬 로이어(Lionel Royer)는 모두 전선에서 활약했고, 그들을 포함해 많은 사람이 전쟁터에서 목숨을 바쳤다. 인상파를 열렬히 지지했지만 아카데미즘의 중심인물이었던 프레데리크 바지유(Frédéric Bazille) 역시 본-라-롤랑드 전투(Battle of Beaune-la-Rolande)에서 총에 맞아 사망했다. 그로부터 몇 주 후 〈살로메〉로 유명한 앙리 르노(Henri Regnault)도 파리 외곽의 뷔젠발 전투(Battle of Buzenval)에서 전사했다.

반면 인상파 화가들은 나라를 지키는 데 비교적 냉담한 반응을 보였다. 모네, 피사로, 반 고흐 등 수많은 화가가 브뤼셀이나 런던으로 피신했고, 세잔느를 비롯한 일부는 돈을 내고 병역을 기피했다.

어쩌면 누군가는 이러한 행태의 차이를 신분 격차에서 찾을지도 모른다. 아카데미즘 예술가들은 자산계급이었던 반면, 인상파 화가들은 중하위계층 출신이거나 가난하고 낭만적인 보헤미안이었기 때문이라고 말이다. 그러나 19세기 프랑스 예술가들의 출신 배경을 자세히 살펴보면 화파에 상관없이 대다수가 중산층 출신이라는 사실을 발견할 수 있다. 유일한 차이점은 사회적인 의제에 관심을 가졌는지 여부다.

앙리 르노의 작품 〈살로메〉

1894년 유럽 대륙을 뒤흔든 드레퓌스 사건이 일어나자 소설가 에밀 졸라는 신문에 〈나는 고발한다(J'accuse)〉

를 투고해 프랑스 정부의 반유대 정책과 군관 드레퓌스에 대한 박해를 비난했다. 결국 졸라는 재판을 받고 망명했는데, 그가 이후에 명예를 회복할 수 있었던 것도 아카데미즘 예술가들이 배후에서 분주히 애쓴 덕분이었다.

그 밖에도 피사로와 반 고흐를 제외한 대부분의 인상파 화가는 농민과 노동자, 블루칼라 계급의 삶을 그다지 묘사하지 않았다. 반면 사회주의 경향의 아카데미즘 화가들은 존경의 눈빛으로 노동을 바라보았다. 근면하게 땀을 흘리는 노동이나 파업에 대해 아카데미즘 화가들은 존중과 연민을 품었다.

물론 아카데미즘 화가들의 전체적인 수준이 모두 완벽하게 일치한다고 말할 수는 없다. 개중에는 확실히 세속적이고 졸렬한 작품을 그린 화가도 있다. 그러나 아카데미즘 화가들이 전통을 계승하고 프랑스라는 국가에 공동체 의식을 지녔다는 점은 부정할 수 없는 사실이다. 그렇기 때문에 여전히 프랑 지폐의 디자인에서 아카데미즘 화가들의 작품이 가장 중요한 시각적 · 정신적 요소가 되고 있는 것이다.

17

홍콩

동양의 진주의 어제와 오늘

Hong Kong

2003년 홍콩 스탠다드차타드 은행이 발행한 20홍콩달러 지폐의 뒷면 일부

생기가 넘쳐흐르는 거리는 마치 이탈리아 리비에라의 제노바 같다.
– 19세기 여행작가 이사벨라 버드

1897년 영국을 출발한 50대 여성이 수개월의 항해 끝에 드디어 아시아에 도착했다. 그녀는 산맥이 이어지고 수원이 부족한 항구에 도착해 그곳을 실컷 비평했다. "곳곳에서 두려운 분위기가 느껴진다. 모든 위험이 사방에 도사리고 있다."

그녀는 이사벨라 버드(Isabella Bird)로 영국 왕실지리협회의 첫 번째 여성 회원이었다. 협회의 다른 회원으로는 생물학자 다윈, 빅토리아 폭포 및 말라위호를 발견한 리빙스턴(Davis Livingstone), 영국군의 티베트 입성을 인도한 영허즈밴드(Francis Younghusband), 그리고 29종의 언어를 할 수 있다는 전설적인 탐험가 버튼(Richard Francis Burton) 등이 있었다.

1895년의 홍콩

훗날 이사벨라 버드는 항구도시의 생기 넘치는 분위기를 인식하게 되었다. 그러나 시국이 불안한 대청제국과 메이지유신의 일본, 중앙집권제 말기의 조선을 두루 돌아다닌 후에도 스스로 제노바 같다고 평한 항구도시에 다시는 돌아오지 않았다.

10년 후 《정글북》으로 부와 명예를 거머쥔 젊은 작가 키플링(Rudyard Kipling)은 이곳이 자신의 고향인 인도 캘커타를 떠올리게 한다고 했다. 지중해와 같은 풍격에 영국의 식민주의가 융합된 항구도시가 1843년 6월 26일 정식으로 영국에 귀속되었을 때 식민지의 행정 책임자로 처음 임명된 포팅거 경(Sir Henry Pottinger)은 이곳을 서태평양의 '상업과 부의 중심'으로 만들겠다고 선포했다.

이곳은 바로 홍콩, 극동에서 가장 빛나는 대영제국의 진주였다.

이러한 역사적 배경 덕분에 홍콩은 금융도시로서 놀라운 발전을 이룩했다. 그러나 동시에 기묘한 문화 현상이 발생하기도 했다. 그중 하나가 바로 독특한 지폐 발행 역사다.

홍콩에서 최초로 유통된 지폐는 1845년 설립된 브리티시 오리엔트 뱅크(British Oriental Bank)에서 발행하였다. 1935년 홍콩 정부가 화폐 조례를 통과시키기 전에는 많은 은행이 지폐를 발행했었다. 지폐의 주요 기능은 상업적인 교역이었고, 홍콩 정부는 은행이 발행하는 지폐를 부분적이고 합법적인 통화로 특별 허가했다.

1935년부터는 영국 정부가 HSBC 은행, 상업은행(이후 HSBC 은행과 합병) 및 인도 멜버른 중국 차타드 은행(1956년에 홍콩 차타드 은행으로 개명)에 5홍콩달러 이상의 지폐를 발행할 수 있는 권한을 부여했다. 그리고 액면가 1홍콩달러와 그 이하인 지폐는 홍콩 정부가 발행했다(홍콩 정부는 일시적으로 1센트, 5센트 및 10센트 지폐를 발행해 시장의 보조화폐 부족 현상을 보완한 적이 있다).

2차 세계대전 이후 국제 정세는 큰 변화를 맞이했고 대영제국도 쇠락의 길을 걷기 시작했다. 지폐의 디자인을 보면 이러한 상황을 대략적으로나마 엿볼 수 있다.

1960년 홍콩 정부는 1홍콩달러 지폐 발행을 중지하고 동전으로 대체했다. 이때부터 영국 왕실 사람들의 초상화는 일상생활에 사용되는 통화에서 사라졌다. 1981년 홍콩은 직할 식민지라는 법정 지위가 취소되고 영국의 해외 속령으로 '승급'했다. 대영제국의 석양은 동양에서 마지막 빛을 반짝이기 시작했다.

물론 영국 정부는 홍콩의 주권 반환을 원하지 않았다. 그러나 중국은 국위를 실추시킨 마지막 흔적을 계속 남겨둘 수 없었다. 결국 정치 · 외교 분야에서 수차례에 걸친 힘겨루기 끝에 대영제국과 중

1952년 홍콩 정부가 발행한 1홍콩달러 지폐. 초상화는 영국 왕 조지 6세다.

홍콩 정부가 일시적으로 발행한 10센트, 5센트, 1센트 지폐.

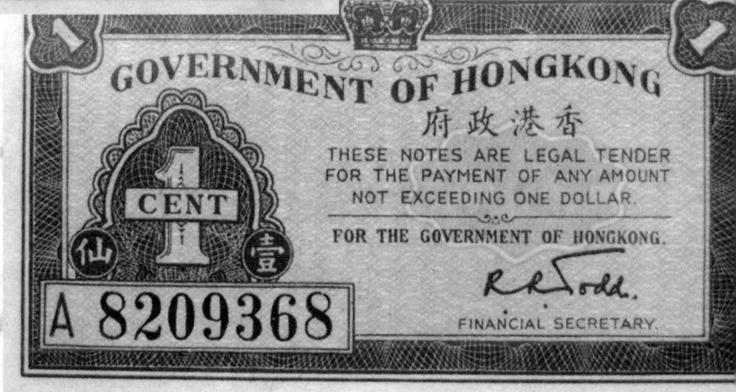

국은 1997년에 홍콩의 주권을 중국으로 반환한다는 연합 성명을 발표했다.

1985년에는 지폐에서 'or the equivalent in the currency of the colony value received'('식민지 통화와 상응하는 가치를 지님'이라는 뜻)라는 문구가 사라졌다. 그리고 1993년 1월 정부는 모든 홍콩 달러 동전과 지폐를 홍콩 주권 반환에 따라 개정하기로 결정했다. 1994년부터 HSBC 은행과 스탠다드차타드 은행이 지폐의 양식을 갱신하면서 식민지 색채를 띤 디자인을 없앴다. 그중에서도 홍콩의 식민지 휘장인 '아군대로도(阿群帶路圖)'[32]를 없앤 것이 가장 중요하다. 아군대로도는 영국 군대가 처음으로 홍콩섬의 스탠리에 상륙했을 때 홍콩섬 북부까지 현지 주민들의 안내를 받은 모습을 묘사한 것이다. 그러나 1960년대의 고고학 연구를 통해 이는 헛소문으로 밝혀졌다.

1994년에는 또한 중국 은행 홍콩 지점이 홍콩 지폐를 발행하는 은행 중 하나가 되었다. 그 결과 홍콩 지폐에는 HSBC 은행, 스탠다드차타드 은행, 중국 은행이 발행한 세 가지 버전이 존재한다.

주권 반환 후 10년이 지난 2007년 7월 8일 홍콩 금융관리국은 10홍콩달러 플라스틱 지폐를 발행했다. 이는 홍콩 최초의 플라스틱 지폐로, 세계에서 가장 아름다운 지폐 중 하나로 선정되기는 했지만 사람들의 사랑을 받지는 못했다.

---

32. 홍콩이 영국 식민지라는 사실을 나타내는 휘장으로, 영국 식민 통치 기간에 지폐 등에 사용되었다.

'아군대로도'는 식민지 시절 홍콩의 휘장이었다.

1977년 HSBC 은행이 발행한 100홍콩달러 지폐. '아군대로도'와 'or the equivalent in the currency of the colony value received'라는 문구가 남아 있다.

1988년 HSBC 은행이 발행한 10홍콩달러 지폐. 아군대로도만이 남아 있다.

2009년 스탠다드차타드 은행이 발행한 150홍콩달러 기념 지폐. 액면가가 150인 지폐는 세계 최초다.

2009년 스탠다드차타드 은행은 홍콩지점 설립 150주년을 기념해 액면가가 150홍콩달러인 기념 지폐를 특별 발행했다. 이는 전 세계 최초로 액면가가 150인 지폐였다. 동시에 최초로 홍콩 시민이 일련번호를 매긴 지폐이기도 하다.

다양한 과거를 지닌 홍콩 지폐 가운데 내가 좋아하는 것은 2003년 스탠다드차타드 은행이 발행한 풍경 시리즈다. 1851년 태평천국운동이 일어나자 중국 상인들은 화를 피하기 위해 화강암으로 된 섬, 홍콩으로 몰려들었다. 키플링의 눈에 혼란하고 소란스럽게 비쳤던 항구이자 잔 모리스(Jan Morris)[33]가 시운이 기운 바닷가의 고독한 도시라고 묘사한 곳이었다. 풍경 시리즈에는 1970년대에 비약적인 발전을 이룬 금융도시의 면모와 중국으로 반환된 특별행정구역의 모습을 포함해 홍콩이 150년 동안 겪어온 상전벽해와 절정이 응축되어 있다. 그러므로 발걸음을 멈추고 지폐를 들여다보는 순간, 잠깐이나마 홍콩의 어제와 오늘을 느낄 수 있을 것이다.

---

33. 영국의 역사학자이자 작가, 여행가. 《50년간의 세계여행》의 저자.

2003년 스탠다드차타드 은행이 발행한 지폐.
뒷면에는 1850년에서 2003년에 이르는 홍콩의 역사 변천이 충실하게 기록되어 있다.

Standard Chartered Bank 香港渣打銀行
100
500
1000
香港渣打銀行
Standard AB176894
Chartered Bank
港幣伍佰圓
Five Hundred
500
香港渣打銀行
Standard AD334202
Chartered Bank
港幣壹仟圓
One Thousand
1000

18
루마니아

카르파티아 산맥 아래
끝없이 이어지는 통곡

Romania

2005년 루마니아에서 발행한 1레우 지폐의 뒷면 일부

우리는 매처럼 날아서 구름 끝까지 날아올랐으나 지금은 흙먼지 가득한 세상에 떨어져 수렁에서 뒹굴고 있다. 만약 이것이 자유인의 삶이라면 우리의 삶과 자유는 공염불이나 다름없다. 우리는 장미 씨앗을 뿌렸지만 오히려 가시가 자라났다.

– 불가리아 시인 게오르기에프(Mikhalaki Georgiev)

고대 유럽을 관통하는 중앙의 산맥은 대서양 해안선에서 우뚝 솟아올라 서쪽으로 갈수록 완만해지며 흑해 쪽의 다뉴브 평원까지 이어진다. 높이 솟은 험준한 산맥은 고대 선인들이 보기만 해도 두려움을 느꼈다. '세계는 새롭고, 만물은 모두 이름이 없어 그저 손으로 가리킬 수만 있을 뿐'이었던 까마득한 옛날에 사람들은 가장 간단한 언어로 자신들의 숭배와 느낌을 표현했다.

이 고대 산맥의 서쪽 끝을 사람들은 '알프스(Alpes)'라고 불렀다. 이는 라틴어로 '산'이라는 뜻이다. 그리고 지중해까지 이어지는 산등성이를 사람들은 '아펜니노(Appennini)'라 불렀다. '아펜니노'는 이탈리아어로 '알프스'를 의미하고, 마찬가지로 그 의미는 '산'이다.

오스트리아 빈까지 끝없이 이어지는 산맥은 갑자기 기세를 잃고 포복 전진하는 것처럼 자취를 감추었다가 슬로바키아의 수도 브라티슬라바(Bratislava) 북부에 이르러서야 다시금 당당한 풍모를 드러낸다. 여기서부터는 카르파티아 산맥[34]이다. 카르파티아 산맥은 동쪽으로 갈수록 산세가 험준해지는데, 가장 험준한 지역은 대부분 루마니아 국경 안에 위치하고 있다. 고대의 여행자들은 이 산림에 위험하면서도 시적인 정취가 넘치는 세 개의 이름을 붙였다.

* 트란실바니아(Transylvania)[35]: 이는 '숲 너머의 땅'이라는 뜻이다.
* 왈라키아(Wallachia)[36]: 이는 '낯선 사람의 땅'이라는 뜻이다.
* 몰다비아(Moldavia)[37]: 이는 원래 '먼지가 날리는 땅'이라는 뜻이다.

카르파티아 산맥의 깊숙하고 어두운 삼림, 낯선 사람과 먼지의 땅에는 슬프고 처량하면서도 감동적인 이야기가 수없이 숨어 있다.

루마니아의 수도 부쿠레슈티를 떠나 왈라키아로 향하는 길, 도로에는 크고 작은 웅덩이가 나타나기 시작했다. 길을 따라 앞쪽에는 공산주의 스타일의 오래된 아파트가 있었고, 뒤에는 소련 시대의

34. 폴란드, 슬로바키아, 우크라이나, 루마니아 등 동부 유럽에 위치한 산맥.
35. 루마니아 북서부 지방을 총칭하는 역사적 지명.
36. 루마니아 남부의 역사적인 지명.
37. 오늘날 몰도바와 루마니아 동북부 지역.

폐공장이 남아 있었다. 비틀거리며 달리는 낡은 버스에서 내다본 풍경은 마치 내가 흑백 영화에 등장하는 것 같은 착각을 일으킬 정도였다. 열심히 돌아가는 엔진 소리만 가득할 뿐 차내에는 묵직한 침묵만 흘러서 왠지 나는 크게 소리 지르고 싶은 충동을 느꼈다.

그렇게 얼마나 갔을까. 저 멀리 구름과 안개 속에서 카르파티아 산맥의 검은 그림자가 떠올랐다. 그리고 이야기의 무대가 먼 길 끝에 모습을 드러냈다.

동방정교의 도시이자 루마니아에서 가장 오래된 도시 중 하나인 쿠르테아 데 아르제슈(Curtea de Arges)는 카르파티아 산맥 아래의 왈라키아 지역에 있다. 이슬람과 동방정교의 분위기가 혼재하는 도시는 그리 크진 않지만 특별한 색채를 띠고 있다. 강렬하고 드라마틱한 건축물들도 인상적인데, 그중에서 가장 유명한 것은 쿠르테아 데 아르제슈 성당(Curtea de Arges Cathedral)이다. 이 성당은 '새(bird) 인간의 성당'이라는 별칭을 가지고 있으며, 2005년 발행된 1레우(Leu)에도 인쇄돼 있다.

비잔틴 양식으로 지어졌지만 아랍 스타일의 조각 장식이 혼재되어 매우 아름답고, 흰색의 외관은 순수함과 조화로움이 돋보였다. 나는 정문으로 들어가 동방정교의 성화(聖畵)를 보면서 두려움을 느꼈다. 프레스코화 곳곳에 사용된 색은 모두 극도로 강렬했다. 구세주의 탄생에서 말세의 심판에 이르기까지 모든 세부적인 부분이 신성함을 느끼게 했다. 유리창에서 쏟아지는 햇살을 받으니 마치 영원한 구원이 눈앞에 펼쳐진 것 같았다.

그렇다면 이 성당이 '새 인간의 성당'이라 불리게 된 이유는 무엇

카르파티아 산맥 아래에 위치한 '새 인간의 성당'

일까? 그 배후에는 비극적인 이야기가 숨어 있다.

왈라키아에서 대를 이어 전해지는 고대 시가집 《미오리타(Miorita)》에는 다음과 같은 이야기가 담겨 있다. 1512년 루마니아의 건축가 메스테룰 마놀레(Mesterul Manole)는 공국의 통치자 네아고에 바사라브(Neagoe Basarab) 친왕의 요청으로 왈라키아에 새로운 주교좌성당을 짓게 되었다. 마놀레는 열 명의 장인과 함께 성실하고 부지런히 성당을 지었다.

그러다 공사가 마무리될 무렵 난관에 부딪혔다. 비스듬하게 올리려고 한 성당 앞쪽의 탑이 아무리 노력해도 무너져버리는 것이었다. 갖은 방법을 써보았지만 계속 실패했고, 공사가 지연되자 바사라브 친왕은 분노했다. 왕은 성당을 제때 완공하지 못하면 마놀레

2005년 루마니아에서 발행한 1레우 지폐. 비극적인 전설이 담겨 있다.

와 장인들의 목숨을 앗아가겠다고 천명했다.

궁지에 몰린 마놀레와 장인들은 전전긍긍하며 며칠을 보냈다. 그러던 어느 날, 마놀레는 꿈을 꾸었다. 꿈속에 사자(使者)가 나타나 성당을 완성하고 싶다면 반드시 젊은 여인의 목숨을 희생해야 한다고 말했다. 마놀레는 동료들에게 꿈 이야기를 전했고, 고통 속에 그들은 잔인한 결정을 내렸다. 다음 날 공사장에 처음 나타나는 여인을 성당의 제물로 바치기로 한 것이었다.

이른 아침부터 마놀레와 장인들은 여인을 기다렸다. 잠시 후 아침 햇살을 받으며 한 여인이 모습을 드러냈다. 새벽안개 속에서 다가오는 여인은 다름 아닌 마놀레의 아내 안나였다.

아내의 모습이 보이자 마놀레는 마음이 무너지는 듯했다. 그는 비바람이라도 불어 안나가 오던 길을 되돌아가기 바랐다. 그러자 정말로 큰 비가 내렸다. 하지만 안나는 돌아가기는커녕 매우 흥분해서 더욱 빨리 걸어왔다.

마침내 안나가 가까이 다가오자 마놀레가 말했다. "이리 와서 재미있는 놀이를 하지 않겠소? 장인들이 당신 주위에 벽돌담을 쌓아 올리는 거요. 어때, 재미있을 것 같지 않소?"

안나는 기뻐하며 고개를 끄덕였다.

장인들은 묵묵히 그녀 주위에 담을 쌓기 시작했다. 담이 점점 높아지자 출구가 없다는 사실을 발견한 안나는 그제야 상황이 심상치 않음을 깨달았다. 그녀는 울먹이며 마놀레에게 말했다.

"내가 당신을 찾아온 이유는 임신했다는 사실을 알리기 위해서였어요!"

마놀레는 깜짝 놀랐다. 그는 목 놓아 통곡하며 참회의 눈물을 흘렸다. 하지만 장인들과의 약속을 어길 수는 없는 노릇이었다.

장인들은 쉬지 않고 벽돌을 쌓았다. 결국 안나는 산 채로 성당 벽 속에 묻히고 말았다. 그리고 아내의 희생으로 마놀레는 주교좌성당을 제때 완성할 수 있었다.

바사라브 친왕은 매우 만족했다. 그에게 쿠르테아 데 아르제슈 성당은 유럽에서 가장 아름다운 성당이었다. 뿐만 아니라 자신의 이름을 역사에 길이 남길 위대한 건축물이어야 했다. 이에 악랄한 친왕은 속으로 생각했다.

'만약 다른 사람들이 마놀레를 고용해 더 아름다운 성당을 지으면 어떡하지?'

바사라브는 이 아름답기 그지없는 성당보다 뛰어난 성당이 지어지지 않을 유일한 방법은 마놀레와 장인들을 죽이는 것이라고 생각했다. 결국 친왕은 장인들이 성당 옥상에서 마무리 작업을 하는 틈을 타 몰래 사다리를 치워버리라고 명했다. 마놀레와 일행은 옥상에서 굶어 죽거나 뛰어내려 죽을 수밖에 없는 상황에 처했다.

하지만 마놀레와 장인들은 쉽게 포기하지 않았다. 이들은 왈라키아에서 가장 뛰어난 숙련공이었다. 그들은 옥상에 남아 있던 비계(飛階)[38]와 밧줄, 자신들이 입고 있던 옷을 이용해 팔뚝에 묶을 수 있는 날개를 만들었다. 이 날개로 새처럼 날아오를 수 있다고 생각한 것이다.

---

38. 높은 건물을 지을 때 디디고 서기 위해 굵고 긴 나무 따위를 써서 다리처럼 걸쳐 놓은 시설.

• 위 - 쿠르테아 데 아르제슈 성당.
• 왼쪽 아래 - 마놀레가 뛰어내렸다고 전해지는 장소.
• 오른쪽 아래 - 안나가 묻힌 곳. 지금까지도 표시가 남아 있다.

가엾게도 그들의 날개는 신화에 등장하는 이카루스의 날개에 비해 초라하기 그지없었고, 목숨을 구하기에는 역부족이었다. 날아오른 지 얼마 되지 않아 장인들은 한 사람씩 땅에 떨어져 목숨을 잃었다. 마놀레는 비교적 요령이 좋아 가장 멀리 날아가기는 했지만 240미터쯤에서 결국 성당 밖 우물가에 추락하고 말았다.

'새 인간의 성당' 이라는 별칭은 바로 여기에서 비롯되었다. 그리고 이 비극적인 이야기는 오랜 세월 시인들의 마음을 울렸다.

나는 마놀레가 추락했다고 전해지는 장소에 섰다. 우물가의 돌난간에는 지금도 충돌로 생겨난 오목한 흔적이 남아 있었다. 현지인들은 나에게 그것이 마놀레가 떨어졌을 때 머리를 부딪쳐서 생긴 흔적이라고 이야기해주었다. 그러나 마놀레와 안나, 그리고 장인들이 새처럼 날아올라 탈출하려 했던 이야기가 실화인지 아닌지는 의문이며, 후대 사람들에게 여전히 수수께끼로 남아 있다.

다만 우리는 영국 시인 토머스 엘리엇(Thomas Stearns Eliot)의 말을 귀담아 들을 필요가 있다. "이 세상이 끝날 때 들리는 소리는 분명 굉음이 아닌 통곡일 것이다."

나는 우리가 '새 인간의 성당'이 지닌 비극적인 전설을 사실로 믿어야 한다고 생각한다. 성당을 둘러싼 종탑, 벽에 남아 있는 기록, 우물가의 오목한 흔적은 모두 오늘날까지도 이어지는 통곡이나 다름없기 때문이다.

World history of banknotes

19
태국

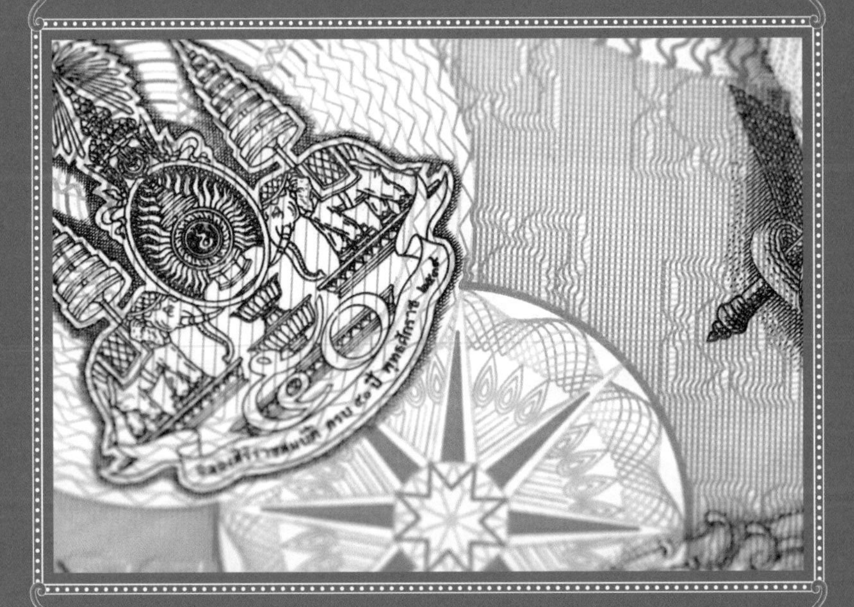

미소의 나라에 숨겨진 통치 신화

Thailand

1987년 발행한 '라마9세 탄생 60주년 기념 지폐'의 뒷면 일부

태국
Thailand

World history
of banknotes

규칙 제112조: 왕, 왕후, 왕세자 혹은 섭정 왕을 비방, 경멸, 위협하는 사람은 누구든 3년에서 15년의 유기징역에 처한다.
- 태국의 '왕실 모독법'

현재 세계의 주권 국가는 유엔 회원국을 포함해, 주권 성명을 제창했지만 국제사회의 보편적 승인을 얻지 못한 국가까지 총 207개가 존재한다. 그중 '전제군주제'인 나라가 8개국이고 영국, 일본, 태국 등 '입헌군주제' 나라가 40개국이다. 이는 전 세계 국가의 약 20퍼센트를 차지한다.

그렇다면 이러한 국가는 민주주의 사상과의 충돌에 어떻게 대처할까? 우리는 지폐 디자인에서 그 힌트를 엿볼 수 있다.

1992년 5월 20일 태국은 기억에 남을 만한 장면을 전 세계에 방송했다. 짜끄리 왕조의 제9대 국왕 푸미폰 아둔야뎃(Bhumibol Adulyadej, 라마9세)이 옅은 갈색 양복 차림으로 소파에 엄숙히 앉아 있고, 그 앞에 두 명의 정치인이 무릎을 꿇고 엎드린 모습이었다. 한 사람은 1년 전 군사 쿠데타로 정권을 잡아 수상 자리에 오른 수찐다 끄라쁘라윤(Suchinda Kraprayoon)이었고, 또 한 사람은 민중을 이끌고 군사정부에 반대한 지도자이자 전 방콕시장 잠릉 스리무앙(Chamlong Srimuang)이었다.

3일 전 군사정부의 통치에 불만을 품은 태국 국민들은 가두시위를 벌이며 수찐다의 독단적인 만행을 규탄했다. 그 과정에서 군대가 출동해 시민들을 무력으로 진압했다. 이는 총 52명이 사망하고 3500명이 체포되는 참혹한 폭력 사태로 번지고 말았다. 뿐만 아니라 민간인과 학생 약 2만 명이 중경상을 입었다. 세계의 매체들은 모두 이 상황에 긴밀한 관심을 갖고 태국이 어떻게 국면을 수습할 것인지 지켜보았다.

얼마 후 전 세계는 감동적인 장면을 볼 수 있었다. 푸미폰 국왕은 수찐다와 잠릉을 궁으로 불러들인 다음 두 사람을 엄하게 꾸짖었다. 그리고 그들에게 자리에 앉아 평화 회담을 나누고 국가의 사태를 안정시키라고 명했다. 결국 수찐다는 스스로 자리에서 물러났고, 반대파도 입장을 바꾸어 태국 사회는 평화를 되찾았다.

이는 푸미폰 국왕의 현명함과 지혜, 성인의 경지에 이른 '신왕'으로서의 이미지를 엿볼 수 있는 기회였다. 그는 이 사건을 통해 태국 국민들의 마음에 한 발 더 가까이 다가갔다.

오랜 기간 태국은 가뭄, 장마, 기근, 역병, 충해 등 자연재해를 비롯해 군사적 충돌 혹은 정치적 위기가 닥쳐 국민이 고충에 빠질 때마다 국왕이 나서서 처리해주기를 바랐다. 국왕이 나서면 마치 모

1955년 태국이 발행한 1바트 지폐. 1946년 즉위 후 라마9세는 변하지 않는 지폐의 주제가 되었다.

든 문제가 단번에 해결된다고 믿는 것 같았다. 이러한 문화적 분위기 때문에 태국 국민은 어릴 때부터 '존왕(尊王)'의 개념을 깊이 지니고 성장한다.

'존왕'의 근원은 역사 속에서 실마리를 찾을 수 있다. 중세에 흥성했던 크메르 제국은 13세기 인도차이나 반도의 정세가 격변하고 과도한 소비에 기후 변화까지 겹쳐 쇠락하게 되었다. 이 시기에 에이야와디 강변에 위치한 미안마의 바간 왕조는 몽골의 침입으로 쇠약해졌다. 두 강대한 문명 사이에 끼어 있던 타이족은 이러한 형세를 이용해 궐기했고, 그 결과 북방에 라나 왕국과 남방에 수코타이 왕국이 세워졌다.

14세기 들어 수코타이 왕조의 세력은 약화되었고, 그 틈을 타 아유타야 왕국이 들어섰다. 아유타야 왕국은 1782년 짜끄리 왕조가 그 자리를 대신할 때까지 계속되었다(라나 왕국은 훗날 짜끄리 왕조에 의

1987년 발행한 액면가 60바트 '라마9세 탄생 60주년 기념 지폐'. 각 변의 길이가 15.9센티미터에 달하는 대형 정사각형 지폐다.

1996년 발행한 '라마9세 즉위 50주년 기념 지폐'

해 통합된다). 왕조가 어떻게 변하든 태국 사람들은 '자유'를 핵심적인 가치라 믿었다. '타이(Thai)'라는 말이 바로 '자유'를 의미한다.

19세기 들어 서양 제국주의의 손길이 뻗쳐오자 몽꿋 친왕(라마4세)과 그의 아들 쭐랄롱꼰(훗날 라마5세)은 평생 저항했다. 그들은 태국의 현대화에 힘썼으며, 시암(태국의 옛 이름)이 열강의 영향을 받지 않도록 보호했다. 특히 라마5세는 태국인들의 마음속에 지금도 '데바라자(Devaraja, 신왕)'라는 신성한 법치자로 자리한다.

이처럼 나라를 위해 헌신한 데다 힌두교와 상층부의 불교 신앙이 결합된 신권 사상 때문에 태국 국왕은 반인반신(Demigod)의 화신으로 여겨진다. 오늘날 우리는 태국 곳곳에서 제단에 제물을 바치는 모습과 왕의 형상으로 만들어진 부적을 볼 수 있다.

'데바라자'의 법적 정통성을 계승한 푸미폰 국왕은 1946년 6월에 즉위해 2016년 10월 사망할 때까지 전 세계에서 가장 오랫동안 재

- 위 – 2007년 발행한 '라마9세 탄생 80주년 기념 지폐'. 마치 쌍둥이 같은 지폐 디자인으로, 3장은 각각 액면가(1, 5, 10바트)가 다르지만 일련번호는 완전히 동일하다.
- 아래 – 2011년 발행한 액면가 100바트의 '라마9세 탄생 84주년 기념 지폐'.

위한 국가원수였다. 1946년 최초로 지폐에 등장한 이래 그는 줄곧 태국 지폐의 영원불변한 주제가 되고 있다. 지폐를 통해 전 국민에게 슬기와 지혜, 뛰어난 지도력을 지닌 국왕의 위대한 이미지를 대대적으로 알리고 있는 것이다.

1987년 발행한 '라마9세 탄생 60주년 기념 지폐'의 뒷면에는 국왕이 만민의 추대를 받는 따스한 장면이 실려 있다.

1996년 발행한 '라마9세 즉위 50주년 기념 지폐'에는 푸미폰 국왕이 농지 수리에 깊은 관심을 보이는 모습을 담고 있다. 이는 태국 국민들에게 매우 익숙한 국왕의 모습이다.

2007년 발행한 '라마9세 탄생 80주년 기념 지폐'를 통해서는 태국 정부가 자애로운 아버지로서의 푸미폰 국왕 이미지를 정성껏 만들어냈음을 살펴볼 수 있다. 그리고 이 지폐에는 출생에서 80세에 이르기까지 국왕의 삶의 여정이 담겨 있다.

2011년 발행한 '라마9세 탄생 84주년 기념 지폐'에는 국민의 목소리를 경청하고 사랑을 베푸는 푸미폰 국왕의 면모가 묘사되어 있다.

세계의 입헌군주제 국가와 태국의 차이점은 왕실에 대한 국민들의 무한한 애정과 신권 숭배다. 그러나 이를 곧이곧대로 받아들여서는 곤란하다. 태국 정부는 맹렬한 기세로 국민들에게 교조를 주입했고, 전 세계에서 가장 엄격한 '왕실 모욕법'을 제정했다. 그럼으로써 범접할 수 없는 국왕의 완벽한 이미지를 만들고 국민이 왕실을 숭배하도록 격려했다. '미소의 나라'의 배후에는 사실 아직도 절대왕정의 통치 신화가 자리하고 있는 것이다.

World history of banknotes

20
알제리

부조리와 허무가 어우러진 태양의 도시

Algeria

1964년 알제리에서 발행한 100알제리디나르 지폐의 뒷면 일부

이곳의 아랍인 청년들은 거리낌 없이 청춘을 즐기며 향락에 탐닉한다. 방탕하고 방종한 기질은 그들의 특징이다. 그러나 젊은 시절은 빨리 찾아오는 만큼 가는 것도 빠르다. 이 청년들은 일찍 결혼해 가정을 이루고, 이어서 10년이라는 시간 동안 그들이 평생에 할 일을 다 마친다. 서른이 되면 그들의 손에서는 이미 좋은 패를 찾아볼 수 없다.
- 알베르 카뮈, 《행복한 죽음》

모든 문학가는 저마다 자신만의 도시가 있다. 각 도시에 그곳만의 문학가가 있다고 말할 수도 있겠다. 그 도시에서 문학가들은 그들의 뛰어난 필력으로 유일무이한 인생의 풍경을 구축했다. 카프카에게 프라하는 거대하고 은밀하며 출구가 없는 미궁이었고, 챈들러의 소설 속에서 로스앤젤레스는 망령과 떠돌이가 뒤엉킨 잔혹한 도시였다. 보르헤스가 그려낸 부에노스아이레스는 우아하면서도 야만적인, 초현실적 무도회가 연이어 벌어지는 곳이었다.

하지만 프랑스 출신의 작가 카뮈에게 파리는 결코 사고에 적합한 도시가 아니었다. 북아프리카에 위치한 알제야말로 카뮈에게는 깨어나고 싶지 않은 꿈이나 마찬가지였다.

알제리 수도 알제의 오후는 매우 한산하다. 뽐내듯 작렬하는 햇빛. 그 속에는 반 고흐의 프로방스 같은 색조가 담겨 있다. 그러나 밝은 파란색과 대비되는 빛바랜 흰색에는 카뮈가 묘사한 '무력한 도시'라는 문학적 이미지가 융화되어 있다.

알제리는 모로코, 튀니지와 함께 지중해 남부에 위치한 아랍 국가지만 문화적 성격에는 큰 차이가 있다. 색채가 선명한 모로코, 꾸밈없이 소박한 튀니지와 달리 알제리의 수도 알제는 곳곳에 쇠락과 실패의 풍경이 그대로 드러난다. 마치 카뮈가 이곳을 떠난 다음부터 도시가 추억과 슬픔에 잠겨 있는 듯하다. 물론 이는 여행자의 쓸데없는 걱정과 감상에 불과할지도 모르지만 말이다.

엄밀히 말하면 카뮈의 눈에 비친 알제리는 결코 낭만적이지 않았다. 적어도 알제의 청년들에 대한 그의 생각은 그랬다. 그러나 나는 아랍 청년들에 대한 카뮈의 묘사를 볼 때마다 이백이 〈소년행(少年

오후의 알제 길거리. 카뮈가 묘사한 '무력감'이라는 문학적 이미지를 지닌 도시다.

行)〉에서 "오릉의 젊은이들은 모두 낙양 금시의 동쪽으로 나아가는데, 은 안장의 백마를 타고 봄바람을 맞네."라고 묘사한 것과 같은 경박한 방랑을 떠올린다.

실제로 알제의 길거리에서는 무료하게 아무 일도 하지 않는 청년들을 쉽게 볼 수 있다. 이곳의 생활은 상당히 한정돼 있고, 폐쇄적이고 질식할 것 같은 정치적 분위기와 근엄하고 보수적인 종교 법률은 청년들의 자유분방함을 제한한다. 도시 곳곳에서 그들은 삼삼오오 무리를 지어 아무 목적 없이 발길 닿는 대로 돌아다닌다. 얼굴에는 미소를 띠고 있지만, 미소 뒤에는 숨길 수 없는 막연함이 드러난다.

알제의 길거리를 걸으면서 나는 돌연 카뮈의 《이방인》에서 느껴지는 부조리와 허무함을 떠올렸다. 왠지 모르게 《이방인》의 주인공 뫼르소가 그랬듯 나보다 강력하고 무정하며 냉담한 힘이 내 인생을 멋대로 조종하는 것 같았다.

카뮈와 카프카의 가장 큰 차이점은 주인공이 자신의 존재를 어떻게 이해하고 받아들이느냐에 있다. 카프카의 소설 《심판》에서 주인공 K는 처음부터 끝까지 자신이 무슨 죄를 저질렀는지, 그 이유가 무엇인지, 앞으로 어떻게 할 것인지 알지 못한다. K는 항변하면서도 무슨 일이 일어났는지 알지 못했고, 결국 하루도 지나지 않아 형을 집행하는 사람에게 도시 밖으로 끌려가 사형당할 운명에 처한다.

이와는 반대로 《이방인》의 뫼르소는 한 번도 도피한 적이 없고, 아랍인을 총살한 사실을 부인하지 않는다. 그는 그저 하루 빨리 재판이 끝나서 모든 일이 해결되기를 바랄 뿐이다. 그래서 법정에서

1964년 알제리가 발행한 100알제리디나르. 알제의 시가지가 그려져 있다.

자신을 위한 변호도 하지 않는다. 아이러니하게도 법원은 뫼르소의 소극적인 침묵을 인정하지 않는다.

이야기는 법관, 검찰, 변호사가 사건 내용을 진술하는 데서 시작된다. 자신의 죄목에 조금도 흥미가 없었던 뫼르소는 공소 사실을 받아들여 모두를 어리둥절하게 만든다. 그럼에도 사법기관은 자신들의 정당성을 증명하기 위해 관련된 사람들을 법정으로 호출했고, 이를 통해 뫼르소의 '악행'과 '반사회성'을 입증하려 한다. 호출된 사람 중에는 양로원의 간호사와 성직자도 포함되어 있었다. 누가 유죄인지, 죄목은 무엇인지, 당사자들은 속으로 분명히 알고 있지만 사법기관의 조작 아래 모든 단계는 짠 것처럼 연출된다. 등장하는 모든 사람은 과도한 연기를 펼치는 닳고 닳은 연기자에 불과하다. 이렇듯 무관심 속에 삶의 부조리와 무의미함이 전개된다.

알제의 시가지를 실제로 내려다본 풍경

알제리는 1830년부터 프랑스의 지배를 받았다. 1962년 식민 통치에서 벗어난 후 알제리 중앙은행이 처음 발행한 화폐 알제리디나르는 예술적인 면에서 여전히 프랑스의 색채를 농후하게 띠고 있다. 피사로 스타일의 광택과 들라크루아 스타일의 화려한 색채가 바로 그러하다.

100알제리디나르의 주제는 수도 알제다. 앞면은 사람들의 왕래가 빈번하고 번화한 알제의 항구로, 단조로운 색조를 통해 노스탤지어의 동경을 드러낸다. 개인적으로 나는 그림 중앙의 화물선과 증기선을 좋아한다. 작은 배의 연통에서 뿜어져 나오는 증기는 낭만적인 분위기를 어렴풋이 자아낸다.

지폐의 뒷면은 독립기념비(Sanctuary of Martyr) 부근에서 알제 시가지를 조감한 풍경이다. 지중해의 눈부신 흰색, 아랍 특유의 수줍은 흰색, 세월이 느껴지는 흰색, 카와쿠보 레이 스타일[39]의 무언의 흰색 등 다양한 종류의 흰색이 바로 도시의 주제라 할 수 있다.

카뮈는 《시지프의 신화(Le Mythe de Sisyphe)》에서 다음과 같이 이야기했다. "사람은 추억하는 법만 배운다면 더 이상 고독하지 않다. 설령 삶이 단 하루 남았더라도 당신은 추억의 밀실에서 홀로 100년 동안 살아갈 수 있을 것이다."

알제리디나르 지폐를 들여다볼 때마다 나는 항상 위의 문장을 떠올린다. 그리고 이 문장으로 카뮈의 문학적 상상을 봉인해둔다.

39. 일본의 패션디자이너로 1981년 파리 패션쇼에서 무채색 위주의 의상을 선보였다.

World history of banknotes

21
영국

쓸모없는 어릿광대에서 '세계 정복자의 정복자'가 되기까지

United Kingdom

1971년 영국에서 발행한 5파운드 지폐의 앞면 일부

나는 과거 백만 대군을 거느렸지만 지금은 아무도 없다. 또한 과거 3대주를 휩쓸었지만 지금은 발붙일 땅조차 없다. 예수 그리스도는 나를 압도했고, 내게는 병졸 하나 남아 있지 않다. 그 어떤 땅도 점령하지 못했지만 내가 빼앗았던 나라는 만민의 마음속에 새겨져 있다. 세상에는 두 가지 무기가 존재한다. 정신과 날카로운 칼이다. 장기적인 관점에서 볼 때 정신은 날카로운 검보다 훨씬 뛰어나다!

- 나폴레옹, 세인트헬레나 섬에 적힌 글

화창한 여름날과 봄꽃, 아름다운 세월은 유수처럼 빨리 흘러간다. 가을의 달과 겨울의 눈, 진실한 세월은 자신의 본분을 다하고 사라져간다. 1830년대의 영국으로 시간을 거슬러 올라가보자.

연이은 전투에 승리하면서 대영제국은 향후 100년 동안의 운명을 결정지었다. 자원이 풍부한 식민지는 제국에 공전의 부유함과 호사를 가져다주었다. 그럼에도 영국은 여전히 충돌이 격정적으로 발생했고 기아, 실업, 전염병이 아슬아슬한 사회 구조에 충격을 가해왔다.

의회는 나라를 안정시키고자 했지만 소통 대신 탄압으로 국가를 통치했고, 폭력으로 국민의 권리를 저지했다. 언론의 자유, 노동조

런던 중심에 위치한 국립 초상화 미술관

합의 자구책과 데모는 핍박 속에 소리 없이 종적을 감추었다. 분노한 민중은 다양한 루트를 통해 목소리를 냈고 종교 해방과 의회 개혁, 노예제 폐지를 소리 높여 부르짖었다.

런던 중심에 위치한 국립 초상화 미술관(National Portrait Gallery) 20호 전시실에는 제국의 불안한 세월이 기록되어 있다. 나는 서늘한 겨울 아침 인적 없는 전시실에 들어가 조용히 시간 속에 잠기는 것을 좋아한다. 모든 작품은 각기 자신만의 이야기를 가지고 있고, 모든 이야기의 배후에는 요동치는 세상의 흐름이 담겨 있다.

이곳에서는 화가 벤저민 로버트 헤이든(Benjamin Robert Haydon, 1786-1846)이 침착한 필치로 세계 노예제 폐지대회(Anti-Slavery Society Convention)를 그려낸 작품을 볼 수 있다. 노예제 폐지는 인권 역사상 엄청난 승리였다. 비록 한 세기가 더 지나서야 실현되기는 했지만 말이다.

조지 헤이터의 작품 〈하원〉. 영국 근대사에서 매우 중요한 '개혁법안'이 통과되는 모습을 묘사하고 있다. 그림 왼쪽 부근에 붉은 제복을 입은 군관이 눈에 띈다.

또한 이곳에서는 조지 헤이터(Sir George Hayter, 1792-1871)가 1833년에 완성한 작품 〈하원〉도 볼 수 있다. 1832년 '개혁법안(Reform Act 1832)'이 통과되는 모습을 묘사한 작품으로, 이 법안으로 인해 사유재산 소유자, 토지 소유자 및 부분 소작농 등 신흥 중산계급에까지 투표권이 최초로 확대되어 더욱 공정한 의회 좌석 분배가 가능해졌다. '책임질 수 있는 정부'의 수립으로 현대 민주주의 제도의 기반을 마련한 전형적인 본보기라 할 수 있다. 그림 속 의원들의 눈빛과 표정에는 발언 중 벌어진 소동, 그리고 각양각색의 복잡한 생각 및 계산이 교전하고 응집하는 분위기가 잘 드러난다. 그림 앞에 서면 국회의원들이 저마다 떠드는 소리가 생생하게 들려오는 듯하다.

〈하원〉을 자세히 살펴보면 그림 중앙에서 약간 왼쪽에 붉은 군복을 입은 준수한 남자가 눈에 띈다. 이 남자의 개인 초상화 역시 동일한 전시실에 전시되어 있다. 재미난 것은 그 초상화가 미완성 작품이라는 사실이다. 얼굴 부분만 완성된 그림인데, 사실 그것만으로도 충분하다. 그의 두 눈은 빛나고 생기 있지만 오랜 세월 전쟁터에서 싸워온 피폐함과 냉담함이 드러나 있고, 양 볼과 콧날의 가파른 선은 그가 고집이 세고 쉽게 타협하지 않는 귀족 신사라는 사실을 말해준다.

그는 다양한 별칭으로 불렸다. 스페인 사람들은 '매'라고 불렀고, 누군가는 그를 '코쟁이(Old Nosey)'라고 불렀다. 이는 분명 그의 유명한 매부리코와 관련이 있을 것이다. 또한 많은 사람이 그를 '미남자(The Beau)'라고 불렀는데 그것은 뛰어난 유행 감각을 지닌 그가 옷차림에 매우 신경을 썼기 때문이다.

한편 전쟁 당시 적들은 그를 폄하하며 '세포이[40] 장군(Sepoy General)'이라고 불렀다. 그것은 인도에서 복무할 때 그가 제멋대로이고 게을렀기 때문일 것이다. 정치계의 적들은 그를 '철의 공작(The Iron Duke)'이라 불렀다. 이는 군을 엄격히 다스리는 그의 태도를 드러냄과 동시에 보수적이고 논쟁을 두려워하는 성격을 암암리에 풍자한 것이었다. 혹은 길거리 불량배들이 자신의 집 유리창을 깰까 두려워 특별히 철책을 설치한 기괴한 행동을 비웃은 말일 수도 있다.

---

40. 영국인이나 유럽인 장교 밑에 있던 인도 병사를 뜻하는 말로, 흔히 졸병을 뜻한다.

이렇듯 많은 사람이 조롱했지만, 실제로 그는 60여 차례의 크고 작은 전쟁에서 혁혁한 공로를 세웠다. 러시아의 차르 알렉산드르1세(1777-1825)는 그에게 '세계 정복자의 정복자(Le vainqueur du vainqueur de monde)'라는 명예로운 칭호를 수여하기도 했다. 여기서 말하는 '세계 정복자'란 나폴레옹을 지칭한다.

토머스 로렌스의 1829년 작품 〈웰링턴 공작의 초상〉. 미완성작이다.

이 인물의 이름은 바로 아서 웰즐리(Arthur Wellesley)로, 귀족 존칭인 '웰링턴 공작(1st Duke of Wellington)'으로 더 널리 알려졌다.

아일랜드의 몰락한 귀족 집안에서 태어난 그는 어렸을 때 산수와 바이올린, 그리고 강아지를 좋아했다. 사람들이 깜짝 놀랄 만한 재능을 지닌 소년은 결코 아니었다. 학교 선배와 동급생들의 눈에 그는 '몸이 허약하고, 장점이 하나도 없으며, 장래가 밝지 않은, 그저 아름다운 옷만 좋아하는' 쓸모없는 어릿광대에 불과했다. 웰즐리가 군대에 들어갔을 때 그의 어머니조차 '총도 제대로 들지 못해 총알받이나 될 것'이라고 생각했다. 그러나 훗날 벌어진 모든 일은 종종 현실이 소설보다 훨씬 흥미진진하고 예상을 초월한다는 사실을 증명해준다.

웅대한 야심과 의지로 서방 세계를 발칵 뒤집어놓은 나폴레옹은 한 시대를 풍미하며 유럽 대륙을 석권했다. 1807년 프랑스 군대는 피레네 산맥을 넘어 스페인과 포르투갈을 침략했다. 이렇듯 위험한 시기에 원정군 사령관이 된 웰즐리는 군대를 이끌고 이베리아 반도를 구하기 위해 급히 달려갔다.

1809년 5월, 도우로(Douro)강 도하를 강행한 웰즐리는 프랑스 총사령관 술트(Jean-de-Dieu Soult, 1769-1851)를 기습하고 포르투갈에서 프랑스 군대를 몰아냈다. 포르투갈 왕실은 환호했고 웰즐리에게 총사령관 직위를 수여했다.

1810년 9월, 웰즐리는 토러스베드라스 방어선(Lines of Torres Vedras)에서 프랑스 군대의 증원을 성공적으로 차단했고, 이어 포르투갈의 사부갈(Sabugal)과 스페인의 푸엔테스 데 오뇨로(Fuentes de Oñoro) 두 지역에서 앙드레 마세나(André Masséna. 1758-1817) 총사령관을 쓰러뜨렸다. 왕정복고의 가능성이 생겨난 스페인의 부르봉 왕실은 그에게 육군 총사령관 직위를 수여했다.

1812년 7월, 웰즐리는 살라망카 전투에서 오귀스트 마르몽(Auguste de Marmont, 1774-1852) 총사령관을 격파하고 마드리드와 스페인 남부를 수비하는 프랑스 군대를 철수시켰다.

1813년 6월, 웰즐리는 영국-포르투갈 연합군을 거느리고 스페인 비토리아 전투(Battle of Vitoria)에서 주르당(Jean-Baptiste Jourdan, 1762-1833) 총사령관을 격파했고, 이로써 이베리아 반도에서 나폴레옹 세력은 완전히 붕괴되었다. 6월 21일 영국 왕실은 웰즐리에게 육군 총사령관 직위를 수여했다.

또한 그는 1814년 군대를 거느리고 프랑스 본토를 공격해 여러 차례 술트 총사령관을 패배시키기도 했다. 그해 5월 영국 왕실은 그에게 '웰링턴 공작' 작위를, 같은 해 부활한 프랑스 부르봉 왕실은 프랑스 총사령관 직위를 수여했다.

1815년 워털루에서 그루시(Emmanuel de Grouchy) 총사령관을 격파해 유럽 평화의 기초를 다진 그는 마침내 나폴레옹의 정복자가 되었다. 러시아, 프로이센, 네덜란드 왕국은 연이어 웰링턴 공작에게 육군 총사령관 직위와 권한을 수여했다.

2300년 전 전국 시대에 소진(蘇秦)은 육국[41]의 '합종(合縱)'을 제창하며 여섯 나라가 연합해서 진나라에 대응해야 한다고 주장했다. 그는 웰링턴 공작처럼 가장 영광스러운 시절에 육국 재상의 관인을 몸에 차고 천하를 호령했다. 하지만 두 사람의 이후 행보는 크게 달랐다. 웰링턴 공작은 훗날 정치계에 입문해 두 번이나 수상을 역임했으며 잉글랜드, 캐나다, 오스트리아, 뉴질랜드, 칠레, 인도, 미국, 남아프리카에 위치한 49개 도시와 마을에는 그의 이름이 붙여졌다. 반면 소진은 제나라에 끌려가 죽음을 맞이했다.

19세기 초의 가장 뛰어난 인물화가 토머스 로렌스(Sir Thomas Lawrence, 1769-1830)는 웰링턴 공작을 모델로 다양한 작품을 남겼다. 국립 초상화 미술관의 20호 전시실에 있는 초상화는 그의 마지막 작품이다. 당시 화가는 얼굴 부분만 겨우 완성하고 세상을 떠났

---

41. 중국 전국 시대의 제후국 가운데 진나라를 제외한 여섯 나라. 즉 초나라, 연나라, 제나라, 한나라, 위나라, 조나라를 일컫는다.

- 왼쪽 – 토머스 로렌스가 1814년에 그린 〈웰링턴 공작의 초상〉.
- 위 – 영국이 1971년 발행한 5파운드 지폐. 앞면은 늘 그렇듯 엘리자베스 여왕의 초상이지만 뒷면은 스페인 비토리아 전투에서 적군을 크게 물리친 웰링턴 공작이다.

는데, 그의 제자가 남은 그림을 완성하려던 것을 웰링턴 공작의 부인 캐서린 웰즐리(Catherine Wellesley)가 거절했다고 한다. 그래서 이 그림은 지금까지 미완성인 채로 남아 있다.

토머스 로렌스가 그린 웰링턴 공작의 초상화 가운데 1814년의 작품이 가장 유명하다. 이는 워털루 전쟁이 벌어지기 반년 전의 작품으로 웰링턴 공작의 과묵하고 굳센 기지와 신비롭고 위험하게까지 느껴지는 분위기를 잘 포착했다. 웰링턴 공작 본인도 이 작품을 매우 좋아했다고 한다.

"토머스는 나를 아주 잘 감추어주었다!"

전해지는 이야기에 따르면 웰링턴 공작은 이렇게 말했다고 한다.

1971년 잉글랜드 은행이 발행한 D 시리즈(Series D)[42] 가운데 5파운드 지폐가 바로 이 초상화를 바탕으로 디자인된 것이다. 스페인 비토리아 전투를 기본 배경으로 한 이 지폐는 인상 깊은 구성을 보여준다.

세월이 흐른 후 웰링턴 공작을 폄훼하던 정계의 소문은 종적도 없이 사라졌다. 오늘날 웰링턴 공작은 꿋꿋하고 준수한 풍채로 여전히 우리의 마음속에 남아 있다.

---

42. 1970년대에 도입된 영국의 4차 화폐.

World history of banknotes

22

포르투갈 · 마카오 · 앙골라 · 모잠비크 · 카보베르데 · 기니비사우 · 상투메 프린시페

찬란한 영광의 시대를 기억하는 빛바랜 휘장들

Portugal · Macao · Angola · Mozambique · Cape Verde · Guinea Bissau · Sao Tome and Principe

1995년 포르투갈이 발행한 5,000이스쿠두 지폐의 앞면 일부

포르투갈
Portugal

마카오
Macao

앙골라
Angola

모잠비크
Mozambique

카보베르데
Cape Verde

기니비사우
Guinea Bissau

상투메 프린시페
Sao Tome and Principe

World history
of banknotes

지금껏 자신들만의 문화를 이루기 전에 악운을 만나 패배한 민족은 없었다.
– 이슬람 학자 무나비(Wahb ibn Munabbih, 655-732)

1974년 4월 25일 포르투갈에서는 곧 전 세계를 강타할 폭풍우가 불안 속에 꿈틀거리며 무르익고 있었다.

먼저 오전 10시 55분, 리스본의 포르투갈 라디오 방송(Rádio Renascença)은 당시 포르투갈을 대표해 유럽 노래대회에 참가한 가수 파울로 카르발류(Paulo de Carvalho)의 〈작별을 고한 후(E Depois do Adeus)〉를 내보냈다. 그러자 길거리에는 심상치 않은 광경이 벌어졌다. 리스본의 교통관제는 비정상적으로 엄격해졌고, 평소에는 종적을 볼 수 없던 경찰들이 길거리에 나타나기 시작했다.

정오를 지나 12시 20분이 되자 라디오 방송국은 역시나 금지곡인 〈검은 마을 그란돌라(Grândola, Via Morena)〉를 내보냈다. 이 노래

군민 공동 봉기로 총리 카에타누를 축출한 포르투갈

는 신호였다. 노래가 나오자 군대는 신속하게 총리 사무실을 포위했다.

다음 날, 포르투갈의 102대 총리 마르셀루 카에타누(Marcelo Caetano)가 마데리아섬으로 추방되었다. 그는 며칠 후 브라질로 망명했다가 결국 리우데자네이루에서 객사했다.

군대가 주도한 이번 쿠데타에는 군인은 물론 일반 시민도 참여했다. 시민들은 손에 총 대신 카네이션을 들고 '카네이션 혁명(Carnation Revolution)'을 지지했다. 이어진 수십 년 동안 국제적인 정치 상황은 크게 변화하였고, 가장 유구한 역사를 지닌 포르투갈 제국은 최후의 일로를 향해 나아갔다.

내가 마카오에 도착한 날은 공교롭게도 포르투갈령 마카오의 공휴일인 '자유의 날'이었다. 4월 25일 마카오 입법회 부근과 길거리

카네이션 혁명 당시 총과 카네이션을 들고 있는 군인과 일반 시민들

에는 포르투갈 국기와 중국의 오성홍기가 나란히 나부끼고 있었다. 이는 마카오가 중국에 반환되기 전의 마지막 포르투갈 축일이었다. 그래서일까. 번화가에는 기쁨과 함께 알 수 없는 불안감이 뒤섞여 있었다.

대항해시대를 연 포르투갈은 역사상 최초로 다른 나라를 식민지로 삼은 제국이었다. 또한 1415년부터 1999년까지 가장 오래 식민지를 거느린 제국이기도 하다. 그러나 넓은 면적의 식민지 영토를 차지하기는 했어도 국력은 영국, 스페인, 프랑스 심지어 네덜란드보다도 훨씬 약했다.

포르투갈의 해외 영토는 16세기에 절정에 달했다. 그러나 1755년의 리스본 대지진, 1822년의 브라질 독립, 19세기의 대륙봉쇄령과 1961년 폭발한 식민지 전쟁 등 몇 차례의 큰 사건으로 인해 제국의 위신은 요동치게 되었다. 1974년에 일어난 카네이션 혁명은 식민지 전쟁에 종지부를 찍은 것이었다. 새롭게 수립된 포르투갈 정부는 해외 식민지에 대한 권리를 포기하였으며 모잠비크, 앙골라, 기니비사우, 카보베르데, 상투메 프린시페 등 포르투갈령 아프리카 식민지는 각각 독립했다.

1974년 이후 포르투갈은 극동 지역에 단 두 곳의 식민지, 즉 동티모르와 마카오만 남겨두었다. 동티모르가 다른 나라들과 마찬가지로 포르투갈과의 분리를 선포한 후 마카오는 포르투갈의 마지막 해외 식민지가 되었다. 제국은 꺼져가는 태양 아래 겨우 목숨을 부지한 상황이었다.

마카오 최대 중심가인 신마로에서 현재 쇼핑가로 유명한 은황자 대마로로 이어지는 길을 걷다보면 전방에 대서양은행(Banco Nacional Ultramarino, 포르투갈은 '국가해외은행'이라 불렀음)이 눈에 들어온다. 르네상스식의 고풍스런 외벽과 증축 이후 들어선 반짝이는 유리 건물의 조합은 고전적이기도 하고 전위적이기도 해서 기이한 위화감을 자아낸다. 나는 대서양은행의 휘장을 보기 위해 건물 주위를 몇 바퀴나 돌았다. 그러나 바깥에서 서성이는 젊은이를 수상하게 여긴 경비에게 조사를 받게 되었고, 결국 씩씩 화를 내며 그곳을 떠날 수 밖에 없었다.

마카오가 1996년 발행한 20파타카(patacas)의 앞면은 증축 이전의 대서양은행이다. 이유는 알 수 없지만 이 지폐를 보면 '자유의

1996년 마카오에서 발행한 20파타카 지폐. 증축 이전의 대서양은행을 볼 수 있다.

날'의 마카오, 시의회 앞의 비둘기, 호텔 리스보아 부근의 조잡한 전당포 간판, 주하이[43]식 요리를 파는 음식점, 궁베이 해관[44]을 바쁘게 오가는 나이든 아주머니들이 항상 떠오른다. 신기한 건 한 번도 본 적이 없는 증축 이전의 대서양은행조차 나의 마카오 기억 속에 있다는 점이다. 실제로 경험한 적이 없는 가짜 기억인데도 이상하게 향수를 자극한다. '데자뷰(Déjàvu, 환각기억)만이 마카오에 대한 나의 애착을 설명해주는 유일한 단어라 할 수 있을 것이다.

리스본 중심에 위치한 대서양은행 본점은 외벽에 기세등등한 방패 휘장이 걸려 있다. 멀리서 온 관광객들은 흥미로워하며 사진을

43. 마카오와 인접한 중국 도시.
44. 궁베이 항구에 위치한 해관. 마카오와 주하이의 관문 역할을 한다.

리스본 대서양은행 본점의 외벽에 자리한 방패 휘장

찍고, 방패 휘장의 각 문양이 대표하는 식민지가 어디인지 손짓 발짓을 해가며 맞춘다. 반면 오고가는 행인들은 과거 제국의 영광에 무심한 듯 각자 제 갈 길을 간다. 마치 지나간 역사를 털어버리기라도 하는 것처럼 말이다.

대서양은행의 방패 휘장은 훗날 기이한 형태로 나의 세계 여행과 인연을 맺었다. 나는 모잠비크의 마푸토(Maputo), 카보베르데의 프라이아(Praia)에서 인도 남부의 고아(Goa)에 이르기까지 대서양은행의 휘장에 등장하는 곳과 조우했다. 그러나 마카오를 제외하고 포르투갈 식민지였던 나라들은 '정치적 올바름'이라는 원칙 아래 대서양은행을 역사의 뒤안길로 보냈다.

포르투갈 제국이 붕괴된 후 식민지였던 국가들은 저마다 다른 운명을 맞이하게 되었다.

우선 앙골라는 화폐 발행을 대서양은행에서 앙골라 은행으로 교체했다가 마지막에는 앙골라 국가은행이 맡게 되었다. 지폐의 초상화도 포르투갈 대통령 아메리코 토머스(Américo Tomás)에서 포르투갈 시인 루이스 드 카몽이스(Luiz de Camões), 앙골라 해방 영웅 아고스티뉴 네투(Agostinho Neto), 군사 독재자 조제 에두아르두 두스 산투스(José Eduardo dos Santos)로 교체되었다. 지폐의 디자인은 화려한 양식에서 벗어나 심플해졌고, 갈수록 저렴한 인쇄 방식과 종이를 선택했다. 이는 앙골라의 경제가 심각하게 쇠퇴하고 있음을 의미했다.

그러다 2002년 국민들의 정신을 피폐하게 만들었던 장장 27년에 달하는 내전이 끝난 후에야 지폐의 인쇄 품질이 개선되었다. 하지만 구도적인 측면에서 보자면 여전히 부족한 점이 많았다.

기니비사우의 경우 1975년 대서양은행을 대신해 기니비사우 국가은행이 이스쿠두(Escudos)를 페소(Pesos)로 바꾸었다. 그러나 1990년대 초 악성 통화 팽창 후 자신들의 법정 화폐를 아예 폐지하고 아프리카 금융 공동체가 사용하는 프랑을 도입했다. 본래 강렬한 민족적 성향을 지녔던 기니비사우는 정체성을 모색하는 와중에 길을 잃고 말았다.

모잠비크는 대항해시대의 문을 연 포르투갈의 항해가 바스코 다 가마(Vasco da Gama)와 명나라의 대항해가 정화(鄭和)가 모두 방문한 나라다. 1975년 독립하자마자 모잠비크는 사회주의를 국가 최고의 통치 원리로 받아들였고, 그래서 1980년대 지폐 디자인에는 공산주의적 경향이 농후하다.

- 위 – 앙골라의 지폐 디자인은 내전이 끝남과 동시에 발전하고 있다.
- 아래 – 발전하는 과정에서 점차 정체성을 상실한 기니비사우의 상황은 지폐 디자인에도 반영되었다.

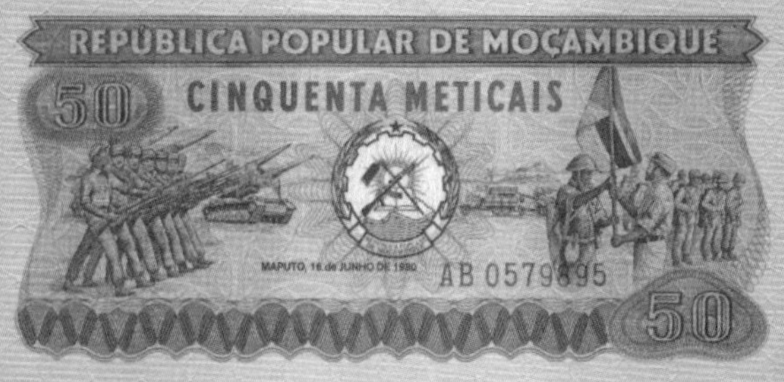

- 위 – 1980년대 모잠비크 지폐에는 공산주의적 색채가 농후하다.
- 가운데 – 카보베르데가 2014년 발행한 2,000이스쿠두.
- 아래 – 상투메 프린시페가 1993년 발행한 1,000도브라.

500
Banco de Portugal
QUINHENTOS ESCUDOS
Castello damina
500
500 Banco de Portugal
Os montes claros em affrica
Castello damina
QUINHENTOS ESCUDOS
OURO
Ch 10
KLT 22787
LISBOA, 6 DE SETEMBRO DE 1979
O GOVERNADOR
O ADMINISTRADOR
D. JOÃO II
500
100
100 BANCO•DE PORTUGAL
100
CEM ESCUDOS 100
FERNANDO PESSOA 1888-1935
BANCO•DE PORTUGAL
100
CEM ESCUDOS
Ch. 9
LISBOA, 16 DE OUTUBRO DE 1986
O GOVERNADOR
O ADMINISTRADOR
ADS 88149
100
LISBOA,
O GOVERNADOR

- 왼쪽 위 – 포르투갈이 1979년 발행한 500이스쿠두. 앞면의 인물은 포르투갈 국왕 주앙2세다.
- 왼쪽 아래 – 포르투갈이 1986년 발행한 100이스쿠두. 앞면에는 시인 페소아가 자리하고 있다.
- 위 – 포르투갈이 1987년 발행한 5,000이스쿠두. 앞면에는 시인이자 철학자인 켄탈이 자리하고 있다.

공산주의는 경제적 곤란을 야기하며 쇠퇴하게 되었고, 세계무역기구는 모잠비크와 북한을 세계에서 가장 빈곤한 나라로 인정했다. 모잠비크 사람들의 일상생활은 물물교환을 하는 원시 상태로 돌아가게 되었고, 이로 인해 수많은 국민이 지폐를 사용한 적이 없거나 심지어 본 적도 없을 정도다.

상투메 프린시페는 앙골라, 모잠비크와 마찬가지로 후진 개발도상국(Least Developed Country: LDC)에 속한다. 그러나 커피와, 사탕수수, 코코아 수출을 바탕으로 서서히 성장하며 발전하고 있다.

반면 2007년 12월 후진 개발도상국을 '졸업'한 카보베르데(Cape Verde)는 포르투갈 식민지였던 아프리카 국가 중 가장 발전한 곳이다. 카보베르데의 지폐 디자인에서는 앙골라, 기니비사우, 모잠비크와 대비되는 모습을 볼 수 있다. 정치적으로 안정된 카보베르데에서는 심각한 충돌이 발생한 적이 없었고, 국민들은 관광업만으로도 생계를 유지할 수 있기에 지폐 스타일 또한 갈수록 아름답고 화려해지고 있다. 특히 2014년 발행한 신판 이스쿠두는 알록달록한 잉크를 사용해 여행자들로 하여금 카보베르데의 푸른 하늘과 바다에 대한 끝없는 동경심을 갖게 한다.

리스본에 있는 산타 주스타 엘리베이터(Santa Justa Lift)[45]를 타고 전망대에 올라 도시를 바라보면 흰 벽과 붉은 기와가 맑게 갠 하늘이나 석양과 대비되며 화려하면서도 쓸쓸한 분위기를 자아낸다.

---

45. 리스본에 위치한 건축물로, 공식적으로 리스본 교외 공공 교통 서비스인 CARRIS의 일환이며, 2002년 포르투갈 국가 문화재로 지정되었다.

200여 년 전 최후의 심판과도 같았던 대지진 이후 포루투갈은 서서히 유럽 문명의 중심에서 사라졌다. 그리고 지금은 고독하게 대서양 연안을 지키며 영광이 다시 찾아오기를 기다리고 있다.

산타 주스타 엘리베이터를 타고 전망대에 오르면 포르투갈 수도 리스본의 오래된 시가지가 한눈에 들어온다.

기세가 드높았던 1970년대, 어지러웠던 1980년대를 보냈지만 포르투갈은 여전히 지폐 위에 성왕, 작가, 시인, 의사, 철학자 등의 옛 영혼을 불러낸다. 모든 지폐에는 거스를 수 없는 역사의 흔적과 위대한 순간이 담겨져 있다.

나는 1970년대부터 1995년 사이에 발행된 포르투갈 지폐를 좋아한다. 이 시기의 지폐에서는 침착하고 조용한 분위기가 느껴지는데, 잠시나마 시대를 풍미했던 찬란한 영광을 벗어버리고 자신의 오만과 잘못을 반성하는 것 같은 느낌을 주는 이베리아 반도의 모습이 담겨 있다.

World history of banknotes

23
독일

거북하게 느껴지는 몸뚱이 속의 나

Germany

1980년 서독에서 발행한 10마르크 지폐의 뒷면 일부

당신이 암흑을 직시할 때 암흑도 당신을 직시하고 있다.
– 니체(F. W. Nietzsche)

이것은 난해한 회화 작품이다. 고독하면서도 매우 심각하다. 그림의 오른쪽에는 등에 날개가 달린 여자가 자리하고 있다. 그녀는 '우울'의 구체적 형상으로, 불꽃처럼 이글거리는 눈빛으로 채울 수 없는 욕망을 드러낸다. 기이한 점은 그림 속에 존재하는 모종의 끈끈한 분위기가 그녀를 옴짝달싹할 수 없게 만들고 있다는 것이다. 여자의 주위에 흩어져 있는 자, 톱, 대패, 쇠못 등은 아무 일도 하지 않는 상황에 대한 초조함과 번민을 드러낸다. 설령 어떤 일을 하려 해도 말로는 표현하기 힘든 걱정에 속박되어 있는 것이다.

〈멜랑콜리아 I〉[46]라는 제목의 이 작품은 유구한 전통을 지니고 있다. 중세 사람들은 생물을 '네 가지 기질'로 구분했는데 이는 체

뒤러의 동판화 작품 〈멜랑콜리아 I〉

내의 '네 가지 액체', 즉 혈액, 점액, 황색 담즙과 흑색 담즙에서 유래한다. 모든 사람의 외재적인 신체 및 내재적인 성격은 위의 네 가지 액체의 농도에 영향을 받는다는 것이다.

'우울'은 흑색 담즙(Boreas)에서 비롯된다. 마음이 어둡고, 분노로 속을 끓이고, 말수가 적고, 울적해하는 것은 네 가지 기질 중에서도 최악으로 여겨진다. 그러나 예술가들에게는 가장 중요한 기질로 생각된다.

그림 속에는 다양한 물체가 대량으로 등장한다. 이는 자유로운 예술을 상징하는 동시에 예술가의 창조력을 암시한다. 더 나아가 기하학적인 원형체는 조물주가 정한 우주의 운행 법칙을 가리킨다. 또한 이 모든 것은 '우울한 사고'에서 비롯되는 에너지이기도 하다. 즉 천사의 형상을 한 인물은 세계의 질서를 과학적으로 밝혀내기 위해 고군분투하는 예술가의 초상이며, 그는 자신의 천재적 능력을 우울과 결합시키고자 하였음을 간파할 수 있다. 그러나 이 모든 노력에도 불구하고 조물주에 의해 창조된 우주의 오묘한 질서와 미의 법칙에 대해서는 더 이상 알 수 없기 때문에 깊은 우울에 빠져 있는 것이다.

작품 속에 난잡하게 그려진 인물과 사물은 저만의 상징과 내포된 의미가 있지만 모두 동일한 주제를 지향한다. 바로 예술가의 마음 속에서 일어나는 폭풍과 고난이 영감을 만들어내는 유일한 원천이라는 사실이다.

---

46. 우울'이라는 뜻.

이 작품은 중세 말 독일 르네상스 예술의 대가 알브레히트 뒤러(Albrecht Dürer)가 그린 동판화 최고의 걸작이다. 그는 이 작품에서 신의 '창조'와 예술가의 '창작'을 완벽하게 해설하고자 했다.

뒤러는 최초로 전방위적인 시각예술을 시도한 예술가라 할 수 있다. 적어도 북유럽 르네상스 시대에 활약한 예술가 가운데 최초임은 분명하다. 1471년 바이에른 주 뉘른베르크에서 출생한 뒤러는 어린 시절부터 미술에 천부적인 재능을 보였다. 뒤러 특유의 예술적 관점과 기법은 학교에서 받은 미술 교육이 아니라 여행에서 탄생한 것이었다.

뒤러는 대자연을 두려워하는 게르만족의 성향을 극복하기 위해 험준한 알프스 산맥을 수차례 넘었다. 당시 상업과 오락, 문화의 대도시였던 베네치아에서 일하며 공부했고, 배낭여행객처럼 고생해 가며 플랑드르 지역(북부 프랑스, 벨기에, 네덜란드 및 독일의 라인 강 해구 부근)을 도보로 돌아다녔다. 또한 엄동설한에 작은 배를 조종해 바다에 나가기도 했고, 방향을 잃어 좌초된 제일란트(Zeeland)[47]에서 6일 동안 고래를 찾으러 다니기도 했다.

동시대의 화가 다빈치와 마찬가지로 뒤러는 예술이라는 형식을 통해 자신이 본 모든 것을 기록했다. 후대에 전해지는 스케치와 초안 등에서 우리는 뒤러의 왕성한 호기심과 지적 욕구를 쉽게 발견할 수 있다. 긴 꼬리를 늘어뜨린 혜성, 비늘 갑옷을 뒤집어 쓴 이국의 괴수, 18피트나 되는 거인의 유골, 사람들을 깜짝 놀라게 한 샴

47. 네덜란드 남서부의 주로, 벨기에 접경 지역이다.

쌍둥이, 50명이 빽빽이 들어선 브뤼셀의 큰 침대, 이름을 알 수 없는 길가의 꽃들, 눈 덮인 벌판의 토끼……. 그는 끊임없이 돌아다니며 날카로운 안목과 능숙한 기교로 천지만물의 신비를 묘사했다.

스무 살이 넘었을 때 뒤러는 이미 목판화의 대가로 명성을 날렸다. 스물일곱 살이던 1498년에는 종말에 대한 강렬한 경고를 담은 〈묵시록〉 시리즈를 그렸는데, 개인적으로 나는 시스티나 성당에 남아 있는 미켈란젤로의 〈창세기〉와 어깨를 나란히 할 만한, 시대의 획을 그은 작품이라고 생각한다. 뒤러는 나무라는 자연적인 소재의 한계를 뛰어넘었다. 소박하면서도 단순한 제도 스타일을 포기하고 대담하고 세밀하게 목판에 자신의 구상을 형상화했다. 〈묵시록〉은 모노톤으로 등장인물의 깊이를 표현했으며 세밀한 간격을 둔 선을 통해 극적이면서도 마치 무대효과 같은 음영의 변화를 드러냈다. 이를 통해 불안한 세기말에 나타난 신비하고 특별한 계시를 표현하고 있다.

뒤러는 비단 목판화 분야에만 혁명을 일으킨 것이 아니었다. 베네치아에 머무는 동안 게르만에서 온 이 젊은이는 천년 해도(海都)의 구석구석을 돌아다니며 제단화, 조각, 모자이크 상감, 자수 양탄자 등 예술적으로 진귀한 보물을 찾아다녔다. 그리고 사람과 세상에 대해 심사숙고한 이탈리아 르네상스 예술을 연구하는 데 온 힘을 기울였다. 그는 눈빛, 손짓, 머리카락, 체형, 거칠고 매끄러운 피부결, 근육의 수축과 이완을 세밀히 관찰해 얼굴에 드러나지 않는 다양한 심사를 표현했다. 또한 지중해의 빛과 색채를 몸소 체험하고는 이를 유화에 그대로 표현했다.

뒤러의 목판화 〈묵시록〉의 일부분

1500년 뒤러는 깊은 인상을 주는 자화상을 그렸다. 그림 속 장발의 중년 남성은 모피를 걸친 채 침착한 표정으로 정면을 직시하고 있다. 진지함 속에 엄숙하고 굳센 의지가 드러난 작품이다. 짙은 갈색과 붉은 빛이 도는 온난한 색조는 그림과의 거리를 살짝 좁혀주지만, 한편으로는 심오하면서도 은밀한 종교적 느낌을 더한다. 스물아홉 살의 화가는 이 자화상에서 자신의 이미지와 예수 그리스도를 결합해 중세 예술의 종결과 새로운 세계의 강림을 선포하는 듯하다. 그는 전 인류를 대표해 신이 약속한 신약성서의 등장인물, 즉 예수가 된 것이다.

뒤러는 그림 오른쪽에 고딕체로 다음과 같은 글을 남겼다.

나, 알브레히트 뒤러는
영원의 물감으로
나 자신의 모습을 남긴다.
서기 1500년

또한 개인의 스타일이 듬뿍 드러나는 AD라는 사인을 남겼다.

뒤러는 자신의 모습뿐 아니라 동시대 사람들의 이미지를 남기기도 했다. 〈자화상〉과 함께 알테 피나코테크(Alte Pinakothek)[48]가 소장하고 있는 〈오스발트 크렐의 초상〉(1499)은 뒤러의 또 다른 위대한 작품이다. 뒤러는 압박감이 한껏 느껴지는 구도를 사용해 초상화

48. 1836년 설립된 독일 뮌헨에 있는 미술관.

뒤러가 1500년에 완성한 자화상 및 오른쪽 두 지폐의 원작

- 위 – 1970년대에 서독에서 발행한 5마르크.
- 아래 – 1970년대에 서독에서 발행한 20마르크.

  두 지폐의 주제는 모두 뒤러의 초상화다.

의 주인공인 크렐의 강인한 성격을 묘사했다. 작품 자체는 별로 크지 않지만 생동적이고 충만한 에너지가 느껴진다. 온화하면서도 왠지 분노하는 것 같은 크렐의 시선은 오른쪽으로 약간 치우쳐 있다. 모피를 움켜쥔 왼손과 강인해 보이는 입가의 윤곽선은 크렐의 오만하고 고집스러운 기질을 잘 드러낸다.

뒤러의 작품 〈오스발트 크렐의 초상〉

1970년부터 1980년까지 독일연방공화국(서독)이 발행한 마르크의 주제는 뒤러가 그린 초상화다. 개성미가 느껴지는 5마르크 지폐 속 〈베네치아의 여인〉(1505)은 대담하고 노골적으로 가슴을 드러내고 가느다란 목에는 고귀함을 상징하는 검은색 목걸이를 걸고 있다. 이 초상화는 곳곳에서 여주인공이 베네치아 상류 사교계의 꽃이라는 사실을 보여준다.

뒤러의 또 다른 작품 〈엘스베트 투허의 초상〉(1499)은 20마르크 지폐에 사용되었다. 주인공 엘스베트의 비쩍 마른 모습과 움푹 파인 두 눈은 그녀가 요오드 결핍 혹은 경미한 갑상선항진증을 앓고 있음을 암시한다.

뒤러 외에도 게르만 국가의 화가들은 초상화를 적극적으로 창작했다. 그들은 개성을 추구하고 인물의 심리적 긴장감을 잘 표현했다. 10마르크와 1,000마르크에 각각 등장하는 〈무명의 남자〉와 천문학자 요하네스 샤에이링(Johannes Scheyring)의 상반신 초상화는 작센 지역 출신의 화가 루카스 크라나흐(Lucas Cranach der Ältere, 1472-1553)의 작품이다.

나는 개인적으로 뒤러의 작품보다 따스한 색채와 광택으로 인물을 표현하는 크라나흐의 작품을 더 좋아한다. 그는 담담히 살아가는 인물을 묘사하는데, 더 나아가 완전히 다른 스타일의 경지를 만들어냈다. 크라나흐가 묘사하는 인물은 표정이 섬세하고 동작이 더욱 정교한 동시에 복잡한 감정과 성격을 세부적으로 숨겨놓고 있다. 크라나흐가 그린 마틴 루터 초상화를 보면 누구나 마틴 루터의 고집과 완강함, 그리고 다소 신경질적인 경향을 곧장 알 수 있다.

50마르크 지폐의 초상화는 바르텔 베함(Barthel Beham, 1502-1540)이 그린 〈한스 우르밀러와 그의 아들〉(1525)이다. 깊고 오목한 눈에 비친 의연함과 유연함, 이를 악물어도 숨기기 힘든 피로감을 묘사하며 부모의 막중한 책임을 생생하게 그려냈다.

100마르크 지폐의 주인공은 "자연을 경외하는 것이 바로 지식의 시작이다."라고 이야기했던 세바스티안 뮌스터(Sebastian Münster)로, 세계지리서를 처음으로 펴낸 수학자이자 지리학자다. 크리스토프 암베르거(Christoph Amberger, 1505-1562)가 1552년에 그린 이 초상화에는 무거운 책임을 짊어지고 자신만의 길을 묵묵히 가는 인물의 진지함과 자부심이 엿보인다. 이는 르네상스 인문학자 특유의 풍모이기도 하다. 암베르거의 작품은 많지 않지만, 이 한 폭의 그림

위에서 아래 순 - 서독이 발행한 10마르크, 크라나흐의 초상화 작품이다. 50마르크는 베함의 작품이다. 100마르크는 암베르거의 작품이며, 500마르크는 말러의 작품이다.

으로도 우리는 충분한 감동을 얻을 수 있다.

마지막으로 500마르크 지폐에 등장하는 그림은 한스 말러 슈바츠(Hans Maler zu Schwaz, 1480/1488-1526/1529)의 〈수염 없는 남자의 초상〉이다. 한스 말러 슈바츠는 세부적인 부분에 자신만의 고집을 드러내는 화가로, 세밀화에 가까운 화법을 통해 이름 모를 남자의 침착하고 강인한 모습을 드러내고 있다.

이들 초상화에서 어떤 공통점을 발견했는가. 그림에 등장하는 모든 남자는 연령을 불문하고 약속이나 한듯 미소를 짓지 않는 엄격한 모습으로 묘사되어 있다. 이는 곧 타협하기 어려운 문화적 특성을 드러낸다.

"그는 몸뚱이 속의 자신을 거북하게 느꼈다(Er fühlt isch nicht wohl in seiner Haut)."라고 에밀 루트비히가 《독일인을 어떻게 대할 것인가》에서 말한 것처럼 독일인은 지금껏 '자신에게 만족하지 못했다.' 이러한 불만 때문에 독일인의 정신은 양 극단으로 분포되었다. 작곡가 슈베르트는 〈방랑자 환상곡〉에서 "당신이 없는 곳에 즐거움이 있다."라며 염세적인 비관을 표현했다. 또한 약간의 너그러움만 허용하는 고집은 괴테의 《파우스트》에서 모든 것을 초월하기 위해 '영원한 순간을 찾으러 가는' 욕심을 통해 이해할 수 있다.

음악, 문학, 과학 분야에서 기적을 창조한 민족은 왜 세기마다 전쟁을 일으켰을까. 지폐에 등장하는 초상화의 미세한 눈빛과 자태를 해석할 수 있다면 독일인이 무슨 이유로 양 극단을 끊임없이 오가는 병적 상태와 자아 모순에 빠졌는지 알 수 있을지도 모른다.

World history of banknotes

24
이탈리아

격변하는 시대에 생각한 사랑의 이원론

Italy

1983년 이탈리아가 발행한 2,000리라 지폐의 뒷면 일부

이탈리아
Italy

World history
of banknotes

이곳은 특별하면서도 놀라운 도시다. 도시의 구석구석은 그야말로 수수께끼보다 재미있다.
– 헤밍웨이, 《강을 건너 숲속으로(Across the River and into the Trees)》

하늘에서 굽어보면 베네치아를 관통하는 대운하 카날 그랑데(Canal Grande)는 마치 흘러가는 물음표 같다. 그것은 구불구불 덧없이 세월 속을 흐르며 인간의 흥망성쇠와 함께했다. 그리고 죽음, 공포, 고립, 초현실적 요소가 충만한 해상도시의 복잡한 어제와 오늘을 만들어냈다.

중세 시대부터 바다는 이 도시에 셀 수 없을 만큼 많은 부를 가져다주었다. 그리고 세속적이면서도 잔혹하고 허영심 강한 성격은 이 도시에 호방함과 낭만을 부여했다. 도시의 화려한 치장, 사치스런 술자리, 어지러운 불꽃, 장중한 축제는 모두 깊고 풍부한 추억과 감동을 남겼다.

베네치아. 아드리아 해상에서 찬란하게 반짝이는 보석과도 같은 이곳은 긴 세월에 걸쳐 창작과 상상력을 자극하는 기묘한 빛을 발산하고 있다.

사람들의 마음속에는 저마다의 베네치아가 자리 잡고 있을 것이다. 시간이 갈수록 사람들은 베네치아를 새롭게 해석하려 한다. 하지만 나는 베네치아가 너무 익숙해서인지 운치 있는 골목이나 화려한 건물에는 흥미를 느끼지 못한다. 내가 주목하는 것은 보이지 않고 만질 수 없는, 그저 세월의 흐름 속에만 존재하는 베네치아다.

"그것은 이름도 없고, 장소도 없다. 내가 다시 한 번 당신에게 그곳을 설명하려고 하는 이유는……"

이탈리아 문학가 칼비노(Italo Calvino, 1923-1985)는 베네치아를 주제로 그 다양한 요소를 다시금 해석했고 더 나아가 화려한 묘사로 도시와 인생의 매력을 설명했다.

"우리가 상상할 수 있는 도시들 중에서 구성 요소를 연결하는 선, 내재적인 법칙, 그리고 관점과 논리도 없이 존재하는 도시를 배제해야 한다. ……도시는 꿈과 같으므로 무엇이든 상상하거나 나타날 수 있다. 그러나 가장 예상치 못한 꿈이나 이룰 수 없는 꿈에는 욕망이 숨겨져 있고 꿈 자체가 공포를 숨기고 있는 수수께끼일 수도 있다. ……또한 우리는 도시가 우리의 정신과 기회로 이루어진다는 사실을 믿는다. ……도시는 꿈과 수수께끼, 욕망과 공포로 구성된다."

▶ 1982년 이탈리아가 발행한 1,000리라. 마르코 폴로와 베네치아 총독궁이 주제다.

LIRE MILLE
PAGABILI A VISTA AL PORTATORE
1000
IL GOVERNATORE
IL CASSIERE
BANCA D'ITALIA
MARCO POLO

1000
EGGE PUNISCE I FABBRICATORI E GLI SPACCIATORI DI BIGLIETTI FALSI
F 784795 L

소설 《보이지 않는 도시들》에서 칼비노는 몽골 황제 쿠빌라이 칸과 베네치아 청년 마르코 폴로(Marco Polo, 1254-1324) 사이에 발생한 적 없는 허구의 대화를 소개한다. 문학가들은 마르코 폴로의 허구적인 이야기를 아랑곳하지 않고, 역사학자들은 마르코 폴로가 동양에서 보고 들은 것이 진짜인지, 심지어 그의 존재 여부조차 심각하게 의심하지만 말이다.

그러나 이탈리아 사람들은 마르코 폴로의 업적을 인정한다. 1982년 6월 1일 발행된 1,000리라는 비잔틴, 이슬람, 고딕 스타일의 건축물인 '베네치아 총독궁'을 배경으로 로마의 도리아 팜필리 미술관(Galleria Doria Pamphilj)이 소장한 마르코 폴로의 초상화를 주제로 삼았다. 심플한 지폐 도안에는 전 세계인들에게 익숙한 베네치아의 이미지가 담겨 있다. 망망대해와 사막을 표류했던 여행자 마르코 폴로는 훗날 지폐의 주인공이 되리라고는 생각하지 못했을 것이다.

자신이 지폐의 주인공인 된 사실을 의외로 생각할 사람이 또 있다. 마르코 폴로와 마찬가지로 베네치아 출신인 르네상스 회화의 대가 티치아노(Tiziano Vecellio, 1490-1576)다. 1975년 발행된 20,000리라 지폐에는 티치아노와 그의 작품이 실려 있는데, 지폐의 주제 선택만으로도 상당히 깊은 의미를 지녔다.

현재 보르게세 미술관(Galleria Borghese)이 소장한 〈천상과 세속의 사랑〉(1515)은 티치아노가 서거하고 100여 년 후 후대 사람들이

▶ 1975년 이탈리아가 발행한 20,000리라. 지폐의 앞면은 티치아노의 자화상이다.

ANCA D'ITALIA
20000
LIRE
VENTIMILA
PAGABILI A VISTA AL PORTATORE
BA 474574 F
A 474574 F

20,000리라의 뒷면에는 티치아노의 작품 〈천상과 세속의 사랑〉이 인쇄되어 있다.
엄격한 구도와 시적인 정취로 '사랑'에 사로잡힌 '사람'의 열정을 묘사하고 있다.

제목을 붙인 것이다. 화가는 르네상스 시대의 기이한 책 《폴리필로의 꿈(Hypnerotomachia Poliphili)》에서 창작 영감을 받았다. 마치 애정 소설처럼 보이는 이 책은 내용이 매우 난해해 이해하기 힘들고, 비할 수 없을 만큼 화려한 문체로 가장 지루한 주제를 논한다. 신성하고 경건한 종교적 사랑과 감각기관의 향락을 위한 세속적인 탐닉, 과연 둘 중 어느 것이 더 중요한가.

티치아노는 《폴리필로의 꿈》을 읽은 후 종교적 사랑과 세속적 사랑에 대해 진지하게 생각했다. 양자 간에는 도덕적 대비가 명확하지만, 오늘날 우리는 〈천상과 세속의 사랑〉을 감상하며 작품 속의 누가 세속 혹은 신성을 대표하는지 분분한 의견을 펼친다. 분명 티치아노는 이처럼 정신적 소모가 심한 추상적 문제를 그림을 감상하는 우리에게 던지고 있는 것이다.

자세히 생각해보면 티치아노가 생각한 '사랑의 이원론'이 합리적이라는 사실을 발견할 수 있다. 포르투갈과 스페인이 동양으로 향하는 새로운 항해를 적극적으로 전개하고 동쪽에서 투르크인이 궐기하자 베네치아는 쇠퇴의 길로 접어들 수밖에 없었다. 그러나 지기 싫어하고 창조력이 뛰어났던 베네치아 사람들은 세계의 변화를 이해하고 재빨리 나라의 스타일과 포지션을 바꿨다. 즉 베네치아공화국은 해상국가에서 문화대국으로 신속하게 전향했다. 요즘 식으로 표현하자면 종합 예술적 엔터테인먼트 노선을 걷는 지중해의 라스베이거스가 된 것이다.

거의 히스테릭에 가까운 신속한 전향 때문에 술, 섹스, 도박 등 감각 기관에 최대의 향락을 가져다주는 행위와 부패하고 음탕한 생활이 즉시 베네치아의 크고 작은 골목을 점령하게 되었다. '해상의 예루살렘'이라는 자부심이 있던 베네치아는 모든 악의 근원인 '소돔' 같은 곳으로 타락했다. 베네치아의 변화를 보면서 티치아노는 〈천상과 세속의 사랑〉을 그렸고, 이를 통해 도덕적 이상과 세속적 욕망 사이에서 우리가 어떤 선택을 해야 할 것인지 생각하게 만들었다.

그림에는 시처럼 우아한 풍경을 배경으로 여성 두 명이 각각 화면 양쪽에 위치하고 있다. 왼쪽 위 모서리 부분에는 험난한 산길에 우뚝 솟은 성곽이, 오른쪽 상단 모퉁이에는 수려한 원경 속 장엄한 교회가 자리하고 있어 극적이고 강렬한 대비를 이룬다. 왼쪽의 여성은 화려한 복장을 하고 부의 상징인 검은색 동항아리에 몸을 기댄 채 오른손에는 영원한 사랑의 상징인 장미를 들고 있다. 신플라톤주의자의 눈에는 그녀가 도시생활의 허영과 과장을 대표하는 것처럼 보일 것이다.

반면 육감적인 나체에 붉은 비단을 걸치고 있는 또 다른 여성은 몸을 그림의 중앙으로 기울이고 있으며 왼손에는 헌신을 의미하는 검은 기름 등잔을 높이 치켜들고 있다. 이는 마치 신성과 세속이 서로 대비를 이루는 것처럼 보인다. 그림을 자세히 살펴보면 정중앙에 놓인 석관의 부조를 발견할 수 있을 것이다. 이는 살육과 투쟁을 은유하며, 평온하고 목가적인 전원에 야만적인 숨결을 불어넣는다. 《폴리필로의 꿈》에서 사랑은 항상 기쁨과 눈물, 대립과 화해, 삶과 죽음과 함께한다.

석관 위에 놓인 놋쇠 쟁반 주위에는 장미 꽃잎이 흩뿌려져 있고,

뒤에서는 귀여운 큐피드가 석관 안으로 손을 뻗어 물장난을 치고 있다. 그림을 구성하는 요소들은 서로 대비되며 마치 꿈같은 신비감과 모순을 안겨준다. 조화로운 아름다움을 추구하는 르네상스 시대에 티치아노는 농염하고 온화한 색조와 엄격한 구도를 통해 '사랑'에 사로잡힌 '사람'의 열정을 시적인 정취로 표현했다. 이는 르네상스의 이상을 극도로 드러낸 작품이자 바로크 미학의 화려한 전주였다.

〈천상과 세속의 사랑〉이 던지는 메시지는 비단 베네치아인의 고민만이 아니라 현대 문명의 숙제이기도 하다. 이상과 현실, 보수와 개방, 천상과 인간세계……. 이원적으로 대립하는 모든 개념이 융화되고 균형을 이룰 가능성은 없는 것일까? 어쩌면 리라 지폐 속의 티치아노는 서정적인 필치를 통해 '군자는 혼자 있을 때도 도리에 어긋나는 일을 삼간다.'는 명확한 도리를 일깨우는지도 모르겠다.

WORLD
HISTORY
OF
BANK-
NOTES

지폐의 세계사

2019년 2월 20일 초판 1쇄 | 2019년 6월 26일 4쇄 발행
지은이·셰저칭
옮긴이·김경숙
펴낸이·김상현, 최세현 | 경영고문·박시형

편집인·정법안
책임편집·송은심
마케팅·김명래, 권금숙, 양봉호, 임지윤, 최의범, 조히라, 유미정
경영지원·김현우, 강신우 | 해외기획·우정민
펴낸곳·마음서재 | 출판신고·2006년 9월 25일 제406-2006-000210호
주소·경기도 파주시 회동길 174 파주출판도시
전화·031-960-4800 | 팩스·031-960-4806 | 이메일·infosmpk.kr

ISBN 978-89-6570-764-6(03900)

• 이 책의 국립중앙도서관 출판시도서목록은 서지정보유통지원시스템 홈페이지(http://seoji.nl.go.kr)와 국가자료공동목록시스템(http://www.nl.go.kr/kolisnet)에서 이용하실 수 있습니다. (CIP제어번호:CIP 2019001963)
• 잘못된 책은 구입하신 서점에서 바꿔드립니다. • 책값은 뒤표지에 있습니다.
• 마음서재는 (주)쌤앤파커스의 브랜드입니다.